Wilfried Kessler

AF271966

Parzival

und die Aufgabe

des modernen Menschen

Wilfried Kessler

Parzival

und die Aufgabe des modernen Menschen

Bibliografische Information der Deutschen Nationalbibliothek: Die Deutsche Nationalbibliothek verzeichnet diese Publikation in der Deutschen Nationalbibliografie; detaillierte bibliografische Daten sind im Internet über http://dnb.dnb.de abrufbar.

Korrektorat: Sören Hirning, Werner Sander
Hilfe beim Layout: Julius Klein

Verlag: BoD · Books on Demand GmbH, Überseering 33, 22297 Hamburg, bod@bod.de

Druck: Libri Plureos GmbH, Friedensallee 273, 22763 Hamburg

ISBN: 978-3-7693-0857-0

„Der Gralstempel ist keine Sage des Mittelalters. Er ist noch fortwährend im Bau und die Gralsage, weit davon entfernt vollendet zu sein, ist in fortwährender lebendiger Entwickelung. Ihre der Gegenwart entsprechende Gestalt wird sie annehmen, wenn die sozialen Ideen Rudolf Steiners anfangen, verwirklicht zu werden; denn nicht zufällig, sondern aus vollem Bewusstsein heraus nannte er die von ihm inaugurierte Geisteswissenschaft die Wissenschaft vom Gral."

Walter Johannes Stein [1]

Inhaltsverzeichnis

IV. Das Gralsgeschehen

V. Der Initiationsweg der Bewusstseinsseele

Vorwort

In diesem Buch wird der Versuch unternommen, die hohe Aktualität des Parzival-Weges aufzuzeigen. Parzival ist der erste Vertreter der Bewusstseinsseele, d.h. der modernen Zeit. Hier ist ein Initiations-Weg gegeben, der eine Grunderfordernis für jeden modernen Menschen darstellt - der Parzivalweg als notwendiges Zivilisationsprinzip.

Die Ausführungen in diesem Buch setzen die Kenntnis der beiden Werke *„Parzival"* von Wolfram von Eschenbach und *„Parsifal"* von Richard Wagner voraus. Wenn der Bezug zu dem entsprechenden Werk aufgezeigt werden soll, so ist die entsprechende Namensgebung verwendet.

Parzival geht auf Per-ce-val, d.h. *„Durch das Tal"* zurück, durch das Tal des Materialismus, der Geistferne. Der Weg führt von der materialistischen *„Tumpheit"* durch den „Zwifel", den Gotteszweifel hin zur *„Saelde"*, der neuen Geisterfahrung. Es bedarf einer starken Willenskraft *„mitten hindurch"* [2] zu gehen, mitten durch die Abgründe, gerade und aufrecht dem Ziel entgegen.

Die Zeit erfordert ein neues bewusstes Ergreifen der Welt, in innerer Denkkonsequenz. Im Denken halten wir den letzten Zipfel der geistigen Welt in der Hand. Diesen gilt es zu ergreifen und zu entwickeln.

Im Jugendkurs sprach Rudolf Steiner von dem Weg, den er in seiner *„Philosophie der Freiheit"* zur Erkraftung des Denkens gibt. Ist das gewöhnliche Denken eine bloße Kopftätigkeit, so stellt das Üben des *„reinen Denkens"* eine herausfordernde Willensübung dar. Das *„reine Denken"* ist *„reiner Wille geworden; es ist durch und durch Wollen. Sind Sie im Seelischen so weit gekommen, dass Sie das Denken befreit haben von der äußeren Anschauung, dann* *ist es damit zugleich reiner Wille geworden"* und diese Willens-übung ist *"eine solche, die bis in das Zentrum des Menschen ein-greift."* Und *"jetzt spüren Sie innerlich, dass Sie nicht mehr so hoch oben denken, sondern dass Sie beginnen, mit der Brust zu den-ken...dass es sich zuerst der Menschenbrust und dann dem ganzen Menschenkörper entringt. Es ist, als ob Sie aus der letzten Zellfaser Ihrer großen Zehe dieses Denken hervorziehen würden [...] und sie fühlen, dass ein neuer innerer Mensch in Ihnen geboren ist, der aus dem Geiste heraus Willensentfaltung bringen kann."* [3]

Im 9. Jahrhundert ereignete sich das historische Parzivalgesche-hen und im 12. Jahrhundert verbreiteten sich die Bilder der Parzi-val-Erzählung über ganz Europa. Die Eingeweihten der damaligen Zeit, die *"Männer der Sorge"*, gaben aus der Sorge um die zukünf-tige Menschheitsentwicklung, vor allem aus der Sorge um die dro-henden Zerstörungskräfte der Intellekt-Geburt, diese Bilder an die Bevölkerung weiter. Sie vermögen Kräfte in der Seele zu wecken, die ein Gegengewicht zum Intellekt bilden und die Durchchristung des Denkens vorbereiten.

Spätestens mit dem erfolgten, unbewussten Schwellenübergang der Menschheit im 19. Jahrhundert[4] wurde die Notwendigkeit des Parzival-Weges für die künftige Menschheitsentwicklung offenbar, damit die Zivilisation den Weg aus den gewaltigen Niedergangs-kräften finden und der Weg der Menschheit in eine aufbauende, positive Zukunft führen kann.

Ein herzlicher Dank für das Zustandekommen des Buches geht an Herrn Sören Hirning und Herrn Werner Sander für das Korrektur-lesen und Herrn Julius Klein für die Hilfe beim Layout.

Michaeli 2024   Wilfried Kessler

I. Die moderne Wissenschaft vom Gral

1. Der dreifache Ruf

Parzival, als der erste Vertreter der Bewusstseinsseele, ist mit den tiefsten Kräften und der höchsten Aufgabe der jetzigen Kulturepoche verbunden. Das Wesen Parzivals, der *„aller Falschheit feind"* [5a] und der *„Falschheitsfäller"* [5b] ist, die Wahrheitsinstanz in uns, ist von tiefer Bedeutung für die Welt:

„Alles hat im Leben eine Wirkung. Gibt sich der Mensch einem Irrtum oder einer Lüge hin, selbst wenn er sich dessen nicht in seinem gewöhnlichen Bewusstsein bewusst ist, so ist es doch im Unterbewusstsein vorhanden, wo es nicht nur für den einzelnen Menschen, sondern für die ganze Weltentwicklung als zerstörende Kraft wirkt. Ebenso wenn der Mensch sich mit den Kräften der Wahrheit verbindet, wirkt das als lebenschaffende Kraft weiter für die ganze Welt- und Menschheitsentwicklung." [6]

In diesem Vortrag spricht Rudolf Steiner von den drei Rufen aus der geistigen Welt, die entscheidend für die Fortentwicklung der Menschheit sind:

Der erste Ruf erscholl mit Donnerstimme an die Menschheit herab vom Berg Sinai, in Form der zehn Gebote.

Der zweite Ruf erfolgte durch Johannes den Täufer: „Ändert den Sinn, denn das Reich der Himmel ist nahe herbeigekommen!"

Und der dritte Ruf ist der, welcher aus den geistigen Welten als Neuoffenbarung durch die moderne Geisteswissenschaft, der Wissenschaft vom Gral, ertönt und den Menschen zum Verständnis des Mysteriums von Golgatha bringt.

Für die Zukunft der Menschheitsentwicklung ist es von entscheidender Bedeutung, dass dieser Ruf nicht ungehört vorübergeht!

„Wir Menschen der Gegenwart
brauchen das rechte Gehör
für des Geistes Morgenruf,
den Morgenruf des Michael.
Geisterkenntnis will
der Seele erschließen
dies wahre Morgenruf-Hören. "

Rudolf Steiner [7]

Die Wissenschaft vom Gral ist verbunden mit der Wiederkunft Christi im Ätherischen. Zu Beginn des Johannes-Evangeliums, am ‚See', an der Schwelle, ertönt die Christus-Frage an die Menschen:

„Was suchet ihr?"

Und auf die tastende Menschenfrage *„Wo lebst du?"* entgegnet der Christus:

„Kommt und seht", d.h. werdet sehend in *„dem Reich, das nicht von dieser Welt ist"*, entwickelt neue, über das Sinnliche hinausgehende, übersinnliche Sinnesfähigkeiten - werdet sehend in dem Bereich, der für euer jetziges Bewusstsein noch *„Nacht"* ist.
Parzival kommt zum See, wo der Fischerkönig wartet und reitet zur *„Nacht"* in die Gralsburg.
Am Ende des Johannes-Evangeliums, beim Frühmahl am See, ist beim bisherigen nächtlichen Fischen das Netz zunächst leer, so wie Parzival nach dem ersten Aufenthalt auf der Gralsburg aus der leeren Burg reitet. Erst in der vollkommenen Verbindung mit dem Christus, dem Höheren Ich, kommt es zur Gralserfahrung: das *„Netz ist voll"*.
Petrus, der zuvor gleich Amfortas mit dem Schwert gegen das

Böse kämpfen wollte und einem Soldaten der Pharisäer ein Ohr abhieb, er, der den Christus dreimal verleugnete, erfährt durch die dreimalige Frage des Chrisus, *„Simon, Sohn des Jona, liebst du mich?"*, die Heilung der Verleugnung und tritt die Nachfolge an. Als Heiland, als Weltentherapeut, fragt der Christus nicht nach dem, was Petrus *„wirret"*, sondern appelliert unmittelbar an die Liebeskraft zu dem Christuswesen.

Johannes hingegen, der erste Christus-Eingeweihte, lebt schon im Reich Christi, er, der beim Abendmahl hörend am Herzen Christi lag. In diesem Reich wird er bleiben und Zeuge sein, bis zu der Wiederkunft Christi in der Gegenwart.

Die Wissenschaft vom Gral, die moderne Geisteswissenschaft, will dem Menschen den Weg zu diesem Reich und der Wiederkunft Christi im Ätherischen ermöglichen. Voraussetzung ist das Suchen, die tiefe Frage des Menschen.

„Man kann das ‚verborgene Wissen', welches von dieser Seite die Menschheit ergreift, nach einem Symbol die Erkenntnis vom ‚Gral' nennen. Wer dieses Symbol, wie es in Erzählung und Sage gegeben ist, seiner tieferen Bedeutung nach verstehen lernt, wird nämlich finden, dass es bedeutungsvoll das Wesen dessen versinnlicht, was die Erkenntnis der neuen Einweihung, mit dem Christus-Geheimnis in der Mitte, genannt worden ist. Die neuzeitlichen Eingeweihten können deshalb auch die «Eingeweihten des Grales» genannt werden. Zu der ‚Wissenschaft vom Gral' führt der Weg in die übersinnlichen Welten, welcher in diesem Buche in seinen ersten Stufen beschrieben worden ist [...]. In dem Maße, als die Entwicklung der Menschheit die Erkenntnisse des Grales aufsaugen wird, kann der Impuls, welcher durch das Christus-Ereignis gegeben ist, immer bedeutsamer werden." [8]

Die Wissenschaft vom Gral setzt bei der Schulung des Denkens an.

„Aber man lernt, indem man immer mehr und mehr dazu über-geht, das Denken, die Denkkraft in einer meditativen Tätigkeit in sich zu steigern, allmählich das Seelenleben von dem bloßen Lei-besleben loszulösen. Und man steigt zunächst auf zu einer imagi-nativen Erkenntnis, die nur in Bildern besteht". [9] *„Und diese Imagi-nationen, die unabhängig vom physischen Leibe im Ätherleib er-lebt werden, sind der erste übersinnliche Eindruck, den wir haben können."* [10]

Um das imaginative Bewusstsein zu entwickeln, gilt es zu lernen, die Welt als Gleichnis, als Bild zu betrachten. Die Naturbilder sind sichtbar gewordene Imaginationen, Bild-Wiedergabe eines objek-tiven Geistinhaltes.

2. Bild und Urbild

Das Innenleben unseres Wesens bleibt für den Anderen zunächst unsichtbar. Erst wenn wir uns äußern, über die Sprache, über unsere Taten, offenbaren wir etwas von unserem Wesen, wird etwas Bild. Das gewordene Bild vermag uns etwas vom Wesen des Anderen erahnen lassen.

Im Bild schaffenden Prozess ringt ein Maler beim Zeichnen eines Porträts fortwährend um die volle Wiedergabe des Antlitzes. Doch das zeichnerische Können allein reicht nicht aus: Der Maler sucht in seiner Zeichnung das Wesen des anderen Menschen zu erfassen. Das gelungene Porträt - das Bild - kann dann dem Betrachter einen Weg zum Wesen des Gezeichneten ermöglichen.

„Beim Bild richtet sich die Anschauung durch das sinnlich Angeschaute (mitten) hindurch auf einen Inhalt, der im Geiste erfasst wird." [11]

Über die Tat wird unser Wesen in seiner Äußerung anschaubar und erahnbar.

All unser Tun ist Offenbarung des Inneren, wird zum Bild. Im Alleralltäglichsten offenbart sich das Geheimnisvollste: Fortwährend ergreift unser Wesen, das Geistig-Seelische, den Leib, die Materie - in jeder Bewegung, jeder Gebärde, jedem Lachen. So formulierte der Dichter Novalis: *„Jede Bewegung des Menschen ist weiße Magie."* [12]

Im alltäglichen Geschehen zeigt sich in den Tatenbildern der Menschen auch viel Ungeläutertes. Nur die Taten des Christus waren vollkommen geistdurchdrungen, d.h. hier erreichte jedes Tatenbild den Urbildcharakter bzw. war zugleich Urbild. Die Evangelienbilder vermögen so die Urbildkräfte in der Menschenseele anzuregen. Aber auch die Natur ist überall Bild, hervorgegangen aus den

Taten der geistigen Wesen und hervorgegangen aus den Urbildern. Die Natur ist das größte Bilderbuch der Welt.

„Denn aus Bildern ist alles geschaffen, Bilder sind die wahren Ursachen der Dinge, Bilder liegen hinter allem, was uns umgibt, und in diese Bilder tauchen wir ein, wenn wir in das Meer des Denkens eintauchen. Diese Bilder hat Plato gemeint, diese Bilder haben alle gemeint, die von den geistigen Urgründen gesprochen haben, diese Bilder hat Goethe gemeint, wenn er von seiner Urpflanze sprach. Diese Bilder findet man im imaginativen Denken. Aber dieses imaginative Denken ist eine Wirklichkeit, und darin tauchen wir ein, wenn wir in das wogende, im Strom der Zeit dahingehende Denken eintauchen." [13]

„Für alle geistigen Dinge gibt es Urbilder. So wie der Maler ein bestimmtes intuitives Bild im Kopfe hat und nach diesem Bild hundert Bilder malen kann, so gibt es auf den höheren Planen für alle Dinge Urbilder, die der Hellseher schaut. Das Lesen in den Urbildern der Dinge, in den geistigen Urgründen, nennt man im Okkultismus: Das Lesen im zehnblättrigen Buche." [14]

Parzival war ein Christus-Eingeweihter. In seinen Taten erreicht das Bild zugleich Urbildcharakter. So wie das Bild das Wesen erahnen lässt, so steht die Frage vergleichbar im Verhältnis zum Geheimnisvollen, zum Geheimnis des Wesens. Die zentrale Parzivalfrage *„Oheim, was wirret dir?"* steht in Beziehung zum Du, zum Wesen des Amfortas. Mit dem Stellen der Frage vollzieht sich die wachsende Verbindung zu dem geistigen Wesen und vollzieht sich das Wieder-ganz-werden, die Heilung des Amfortas, durch den, *„der Lazarus auferstehen ließ"*.

Der Parzivalweg führt über die Heilung des Amfortas zum Gralskönigwerden, zur Christus-Einweihung. Parzival ist der erste Vertreter und der Pfleger der Bewusstseinsseele. Sein Weg ist das Urbild für den Weg des modernen Menschen zum Geiste.

Mit der Geburt der Bewusstseinsseele (im Jahre 1413) wird zugleich der Intellekt geboren. Der Intellekt ist Ausdruck der vollständigen Abnabelung des Menschen von der geistigen Welt und damit die Voraussetzung für die Freiheit des Menschen. Aber zugleich sind durch die erschütternde Blindheit den weisheitsvollen Zusammenhängen gegenüber mit dem Intellekt ungeheure Zerstörungskräfte verbunden, die sich heute in einer bedrohenden, apokalyptischen Größenordnung offenbaren, die Menschheit an den Abgrund führend.

Die Wende in eine positive Zukunft wird sich nur in Verbindung mit dem Christus vollziehen können, d.h. der Parzivalweg ist heute ein notwendiger Weg für jeden Menschen.

3. Der Schlüssel

Wofür sind die Geschehnisse im Parzival-Mythos Bild? Für welch wesenhaftes Geschehen?

Hierfür erhielt W.J. Stein einen wichtigen ‚Schlüssel' von Rudolf Steiner. Im Januar 1923, zwei Wochen nach dem Brand des ersten Goetheanums, hielt W.J. Stein die welthistorisch erste Parzival-Epoche in der ersten Waldorfschule in Stuttgart. An einem Vormittag war R. Steiner zu Gast. W.J. Stein fragte R. Steiner, was es mit dem Gralsschwert auf sich habe, das beim ersten Schlag eine ungeheuere Wirkung habe. Sei jedoch ein zweiter Schlag vonnöten, so zersplittere es. Werden alle Splitter dann vor Sonnenaufgang zur Quelle Lag gebracht, so wird das Schwert in der Quelle wieder heil und zeigt danach eine noch größere Schlagkraft als zuvor.

„Das Schwert besteht den ersten Schlag,
doch von dem andern bricht's entzwei."

„Bringst du's zum Brunnen, wieder neu
wird es von des Wassers Guss.
Doch von der Quelle nimm den Fluss
am Fels, eh ihn beschien der Tag." [15]

„Das Gralsschwert, das Geistesschwert", sagte Dr. Steiner, *„zerbricht, wenn es veraltet. Man muss dann das, wovon nur noch Bruchstücke überliefert sind, zur Quelle zurückbringen. Das Alte muss an der lebendigen Quelle erneuert werden. Da, am Geistesquell wird das Gralsschwert wieder ganz."* W.J. Stein fragte nun R. Steiner: *„Herr Doktor, wir haben uns nicht erklären können, warum im Parzival so oft dieselben Bilder zweimal kommen, aber das zweite Mal besser, reiner und edler?"* Darauf antwortete Dr. Stei-

ner: „*Dass die Parzivalbilder immer zweimal kommen, beruht darauf, dass zuerst immer das Alte erlebt wird; man findet, man kann es nicht brauchen; dann wird es als Neues erlebt, aus der Geistesquelle erneuert, dann kann man es brauchen. Alle Gralsbilder haben einen historischen und einen allgemein menschlichen Sinn. Man muss z. B. als Mensch immer wieder zur Quelle zurück wie Parzival, der seine Verbindung mit dem Geistesquell dadurch aufrecht erhält, dass er immer wieder nach jeder Tat die besiegten Ritter als Boten zu der Frau Kunneware sendet, die den Quell hütet.*"[16]

Die Gralsritter waren Ritter vom Wort. Das Wort ist das Gralsschwert. Das ist kein gewöhnliches Schwert, sondern das ist das Schwert, das aus dem Munde des Menschen kommt.
„*Aus seinem Munde ging es hervor wie ein scharfes, zweischneidiges Schwert.*"[17] So schildert dies der Jünger Johannes urbildlich in der Apokalypse im Blick auf den auferstandenen Christus.
Die heutige Anthroposophie ist die Wissenschaft vom Gral und die Anthroposophen sind moderne Gralsritter.
Einen weiteren Hinweis zur Entschlüsselung der Bilder gibt Wolfram von Eschenbach: Er bezeichnet den „*Parzival*" als ein Märchen[18], eine Ganzheit, ein Organismus von in sich zusammenhängenden imaginativen Bildern. Ein Märchen ist ein Mensch. Und die darin enthaltenen scheinbaren Figuren sind Wesensseiten des Menschen. In diesem Zusammenhang wird auch die Aussage R. Steiners noch verständlicher: „*Der Mensch der neueren Zeit trägt diese Doppelnatur in sich: strebender Parzival und verwundeter Amfortas. So muss er sich fühlen in seiner Selbsterkenntnis.*"[19]

Wofür ist dann das „*Pferd*" Bild, der „*Reiter*" oder „*Kundrie*"?

Für die weitere Wegsuche sei hier ein Bild vorweggegriffen, welches die Beziehung zum aktuellen apokalyptischen Zeitgeschehen herzustellen vermag: Das ist das Bild der Klingsorburg Chastel-marveille. In ihr werden 400 Jungfrauen gefangengehalten. Sie dürfen sich nicht zeigen. Jegliche Frage ist unerwünscht. Die Frage ist aber das Wesentliche auf dem Weg zum Gral. In der Klingsor-, der Antigralsburg ist die Frage verboten. Obwohl es nur eine Tür gibt, sind alle einander unbekannt geblieben und nie zu einem Gespräch zusammengekommen. Auch können sie nicht schlafen.[20]

Im Corona-Zeitgeschehen traten und treten weiterhin die Klings-orkräfte ungeschminkt hervor: jegliche Kritik, jegliche Frage wur-de nicht nur im Keim erstickt, sondern Menschen, die berechtigt wissenschaftlich fundierte Fragen zur Vorgehensweise stellten, wurden öffentlich als Systemgegner und Coronaleugner darge-stellt und diffamiert und ihre Existenz bedroht, ja teilweise sogar zerstört. Die moderne „Bücherverbrennung" setzte ein: In den di-gitalen Medien wurde jeder kritische, in Frage stellender Beitrag von den politisch Führenden gelöscht. Ein Denkverbot bestimmt aus- und unausgesprochen die Atmosphäre. Das *„Nie-zu-einem-Gespräch-Zusammenkommen",*das *„Einander-unbekannt-Bleiben"* sollte über das „Social distancing" hergestellt werden. Mittlerwei-le sind im Jahre 2024 über 80% der deutschen Bevölkerung der Ansicht, dass man seine Meinung nicht mehr frei äußern kann. Die Fülle der gezielt herbeigeführten, rechtswidrigen Maßnahmen (Lockdowns, Festnahmen unschuldiger Bürger, Freiheitsentzug, brutales Niederknüppeln friedlicher Demonstranten, Unterbre-chung der Lieferketten, P(l)andemie, Schüren von Angst, Kriegs-treiberei...) führen dazu, dass die Menschen nicht loslassen kön-nen. Sie verbleiben in einem angsterfüllten Angespanntsein [21], ei-nem nicht *„schlafen"* können. Dies sind alles Wesenseigenheiten der *„Klingsorburg"* bzw. der *„Klingsorkräfte".*[22]

Wir leben aktuell in der *„Klingsorburg".* Wie kommen wir zur Gralsburg? Der Weg zur Gralsburg führt durch Prüfungen.

Im „Parzival" von W.v. Eschenbach finden die Prüfungen in der Klingsorburg, der Antigralsburg statt. Die drei Gestalten Parzival, Gawan und Feirefis sind drei Wesensseiten des strebenden Menschen: Parzival verkörpert das Denken, die Suche nach der Weisheit, Gawan den Herzensmenschen und Feirefis den Willensmenschen. Die Prüfungen in der Klingsorburg zeigen sich für Gawan, für das Fühlen des Menschen. Das Geschehen in der Klingsorburg ist genauso wie das Geschehen in der Gralsburg jenseits der Schwelle, d.h. ein rein geistiges Ereignis. Wie im Nachtodlichen kehren sich die Prozesse um: Alles was ich anderen getan habe, erlebe ich nun wie etwas, das mir geschieht, als ob es zu mir gehört. Im Bilde des ‚glatten Estrich' verliert der Mensch erstmal den Boden unter den Füßen und beim ‚fahrenden Bett' ist höchste Wachsamkeit gefordert, wo vorher der Schlaf gesucht wurde. Die Geschosse der Steinschleudern und der Armbrüste - sind dies nicht die vielen, im Leben gebildeten Vor-Urteile, Verurteilungen, die auf mich zurückfallen, die mich nun selber treffen, die ich nun selber erleben muss?! Stehen diese im Zusammenhang mit den vielen gefangenen Jungfrauen? Wo wir die jungfräuliche Seelenstimmung der Welt gegenüber nicht leben, sie „gefangen halten", gehen sogleich die Geschosse der Vorurteile, der Kritik los. Und der auftauchende ‚große Löwe'? Ist es nicht eine gewaltige triebhafte Emotionskraft, eine noch ungeläuterte Gefühlskraft, die überwunden und verwandelt werden möchte? Zur Überwindung der Klingsorkräfte in der Welt müssen diese erst in der Seele des Menschen überwunden werden.

Den Prüfungen in der Klingsorburg folgen die gewaltigen, erschütternden Kämpfe Parzivals mit Gawan und mit Feirefis.[23] Was findet hier statt? Am Ende des Kampfes mit Gawan heisst es:
Parzival: *„Mich selbst hab ich in ihm besiegt."*
Gawan: *„Deine Hand hat uns beide besiegt"* und *„Du hast über*

dich selbst gesiegt."
Und am Ende des Kampfes mit Feirefis heisst es:
„Es trug ein jeder das Herz des anderen."
„Aber sie waren beide nur einer."
„Sie seien in Wahrheit einer." und
Feirefis: *„Mit dir selbst hast du hier gekämpft, um mit mir selbst zu kämpfen bin ich ausgeritten."*
Gawan: *„Aber da ihr miteinander gekämpft habt, kennt ihr euch jetzt umso besser."*

In diesen Bildern ist der Kampf Parzivals mit sich selbst dargestellt. Dies ist die entscheidende Prüfung und zugleich Voraussetzung zum Überschreiten der Schwelle zur Gralsburg.
Im „Parsifal" von R. Wagner sind die erforderlichen Prüfungen in anderen Bildern dargestellt. Im „Parsifal" gibt es nur die eine Gestalt ‚Parsifal', die Gliederung in die drei Seelenkräfte entfällt. Im 2. Akt, im Zaubergarten Klingsors, findet die Auseinandersetzung mit den Klingsorkräften statt. Kundrie wird von Klingsor gezwungen, Parsifal zu verführen. Dies geschieht dann auch, doch im Kuss, den Kundrie Parsifal aufzwingt, erwacht Parsifal zu seiner eigentlichen Sendung: im Kuss erlebt er die Wunde des Amfortas und dies Erleben steigert sich bis zum Erleben des Kreuzigungsgeschehen und dem Leiden Christi. Wie beim ersten Gralsburgaufenthalt, als er beim Erleben der Wunde des Amfortas und des Grales sich ans Herz fasst, aber die Frage noch nicht stellt, so fasst er sich in der Kuss-Situation wieder ans Herz:

Parsifal:

„Amfortas! -
Die Wunde! – Die Wunde!
Sie brennt in meinem Herzen.
Oh, Klage! Klage!

Furchtbare Klage!
Aus tiefstem Innern schreit sie mir auf.
Oh! – Oh! -
Elender! -
Die Wunde sah ich bluten:
nun blutet sie mir selbst -
hier – hier!
nur hier, im Herzen, will die Qual nicht weichen.
Des Heilands Klage da vernehm' ich,
...
Erlöser! Heiland! Herr der Huld!
Wie büß ich Sünder solche Schuld?" [24]

Nun stößt er Kundrie von sich.
Kundrie:

„So war es mein Kuss,
der welthellsichtig dich machte?
Mein volles Liebesumfangen
lässt dich dann Gottheit erlangen!" [25]

Sie erkennt, dass nur einer sie überwinden konnte: der ganz sich selbst ist, d.h. die vollständige Führung über sich erlangt hat.

Klingsor zu Kundrie: *„Wer dir trotzte, löst dich frei."* [26]

Im *„Parzival"* ist das Ziel der erschütternden Kämpfe den Kampf mit sich selbst zu gewinnen, d.h. die vollkommene Führung über sich selbst zu erlangen.

Im *„Parsifal"* wird Kundrie gewahr, zu was diese Überwindung führt: zur *„Welt-Hellsichtigkeit"*.

Die Überwindung Kundries ruft noch einmal Klingsor auf den Plan, der nun den Grals-Speer, den er Amfortas entwendet hatte, gegen Parsifal schleudert. Parsifal zeigt keine äußere Gebärde des Sich-wehrens oder des Kämpfens. Das Einssein mit sich selbst, mit seinem höheren Wesen, ist Ausdruck seiner Verbundenheit mit dem Christus. Dies strömt als Substanz von ihm aus und der durch Klingsor geschleuderte Speer bleibt über seinem Haupt *„stehen"*. Parsifal ergreift ihn, vollzieht damit das Kreuzeszeichen und Klingsors Zauberreich versinkt und fällt in sich zusammen. Auch der Fluch Kundries kann ihm nichts anhaben. Er begibt sich auf den Weg zum Gral, auf dem er den Speer nicht zum äußeren Kampf verwenden darf. Die Kraft des verurteilenden, zerstörerischen, tötenden Intellektes zeigt sich in den Bildern des Pfeiles und des Speeres. Den Speer nicht zum äußeren Kampf zu verwenden heisst, die Kraft des Intellektes vollkommen zu verinnerlichen - nicht stechende Kritik, sondern wache, empathisch wahrnehmende Bewusstseinskraft als Bewusstseins-Seele ist angesagt.

„Ein Schüler Titurels, Parzival, hatte sich durch Übungen jeglicher Art ganz rein und fromm gemacht. Jeder Schüler Titurels ist ein Parzival. Jeder, der diesem Ideal zustrebt, muss sich zu einer Persönlichkeit machen, rein und fromm. Hingeben soll man sich, doch kann man erst dann etwas hingeben, wenn man etwas hat. Es wird gesprochen vom Opfern des Intellekts. Wer noch keinen Intellekt hat, kann ihn nicht opfern. Erst müssen wir den Intellekt heranbilden, ihn zur größtmöglichen Höhe entwickeln, dann erst können wir ihn opfern." [26b]

Die verinnerlichte Speerkraft und das Tragen des Fluches der Kundrie sind die notwendigen Voraussetzungen für den entscheidenden Schritt zum Gral.

II. Moderne Apokalypse

1. Die Bewusstseinsseele

Anfang des 15. Jahrhunderts (1413) beginnt das Bewusstseinsseelen-Zeitalter. Ein gewaltiger Ruck geht durch die ganze Kultur, der in der Menschheitsgeschichte seinesgleichen sucht. Mit einer ungeheuren Dynamik erfolgt der Schritt in die Freiheit. Der immer mehr auf sich selbst gestellte, freie Mensch trägt nun die volle Verantwortung für sein Tun und die weitere Entwicklung der Menschheit. Es enthüllt sich die wirkliche Natur des Ich, das nur durch eigene innere Tätigkeit seiner selbst gewahr werden und seine Wesenheit aus den Tiefen heraufholen kann.[27] Das gestärkte Ich-Bewusstsein und der hervortretende Individualismus offenbaren einen starken Forschertrieb, der sich intensiv dem Diesseits zuwendet. Immer mehr Länder und Kulturen dieser Erde werden entdeckt: Ein Welt- und Menschheitsbewusstsein entsteht. Auch trachtet der Mensch danach *„zu erkennen, was die Welt im Innersten zusammenhält"* [28]. Eine sich steigernde Fülle an Erfindungen tritt zu Tage, die Welt in einem stetig zunehmenden Tempo radikal verändernd.

Die Bewusstseinsseele wird wie ein ‚Wesen' geboren: mit einem Sinnes-Nervensystem (die Medienwelt), einem Atmungs- und Zirkulationssystem (die Verkehrsbeziehungen und -verbindungen) und einem Stoffwechselsystem (die entstehende Weltwirtschaft). Aber in der Hinwendung und der Ausrichtung auf das rein Materielle bleibt das Wesenhafte der Bewusstseinsseele noch ungeboren.

Mit dem Beginn des Bewusstseinsseelen-Zeitalters tritt der Buchdruck zum rechten Zeitpunkt in die Geschichte und unterstreicht den enormen Schritt in das Neue: *„Die Buchdruckerkunst ist ein Faktum, von welchem ein zweiter Teil der Welt- und Kunstge-*

schichte datiert, welcher von dem ersten Teil ganz verschieden ist." [29] Er ist von einem neuzeitlichen Menschen geschaffen: Johannes Gutenberg war einzig und allein auf sich gestellt, ein Typus des modernen Menschen.[30] Je mehr der Mensch sich individualisiert, umso mehr benötigt er ein Mittel, um sich anderen mitzuteilen, um wieder zur Gesamtheit zu sprechen. Die Zeit war reif für das Mittel zur Verbreitung menschlicher Gedanken, Erfahrungen, erforschter Tatsachen und für das eroberte Naturwissen. Waren gewisse Geistesschätze vorher nur dem Adel und der Kirche vorbehalten, so wurden sie nun jedem Menschen zugänglich. Zugleich ermöglichte der Buchdruck die sorgfältige Bewahrung der Schätze der Vergangenheit.

Welche Kräfte ermöglichten die Geburt der Bewusstseinsseele? Freiheit ist dann erreicht, wenn der Mensch sich wirklich frei zwischen Gut und Böse entscheiden kann. Dies setzte notwendigerweise eine Abnabelung von der geistigen Welt und den großen Zusammenhängen voraus. Dieser Prozess führte bis zum vollständig losgelösten, abstrakten und toten Denken, dem Intellekt. Wir können denken, weil wir fortwährend das Todesprinzip in uns tragen. Nur durch die Todesprozesse entsteht Bewusstsein und wird Bewusstseinsseele ermöglicht. „Denn es sind eben die Kräfte, die in ihrer Nebenwirkung dem Menschen den Tod bringen, die eigentlich dazu bestimmt sind, dem Menschen einzupflanzen, einzuimpfen in seinen Werdegang gerade die Fähigkeit, ich sage die Fähigkeit, nicht die Bewusstseinsseele, sondern die Fähigkeit der Bewusstseinsseele." [31] Der Mensch könnte ohne die Todeskräfte die Bewusstseinsseele nicht entwickeln. In dieser ist er am meisten aus dem Kosmos herausgelöst. Der Weg führte von der allumfassenden Weisheit in die *„Tumpheit"* des Materialismus und die *„Zwifel"* am Göttlichen. Als selbständiges Wesen ist der Mensch in diesem Zeitalter zunächst von der übrigen Welt abgesondert. Die

Tagesintelligenz stellt sich wie ein Totes in die Erdenwelt. Der Intellekt, eine kalte Seelenkraft und ein kaltes Licht, brachte dem Menschen das Bewusstsein für sein Ego, sein irdisches Selbstbewusstsein, aber hat ihn zugleich der Welt entfremdet. Das intellektuelle Bewusstsein erfasst nicht mehr die Wirklichkeit, lediglich die Oberfläche, das Äußere der Welt und vermag das innere Wesen nicht zu ergreifen. Es verliert sich in Illusionen über die Wirklichkeit. Der Mensch hält sich für wach, aber das intellektuelle Bewusstsein ist nur ein Traum von der Welt. Im Intellekt träumt der Mensch am allermeisten. *„Der Intellekt ist das automatische Fortdenken, nachdem man von der Welt längst abgeschnürt ist."* [32]

Dieses Einsam-, dieses Abgetrenntsein ist am stärksten in der Gefahr, in Irrtum und Fehler zu geraten, ja letztlich in die Dekadenz zu fallen. Das intellektuelle Denken droht vollends an das Gehirn gebunden zu werden und der Mensch zum *„Denkautomaten herabzusinken"* und damit *„sein unsterblich Geistig-Seelisches zu verlieren."* [33]

Aber diese Entwicklung geht noch weiter: Mit dieser Intelligenz tritt die Versuchung zum Bösen auf. Die kalte, seelenlose Intellektualität ist das Wirkensfeld Ahrimans. [34] Die vom Geistigen abgewandt bleibende, orientierungslose und falsch angewandte Intellektualität, verbindet sich mit dämonischen Kräften und entfesselt, wie heute vielerorts sichtbar, gewaltige Zerstörungskräfte.

„Aber diese menschliche Intelligenz wird immer mehr und mehr die Neigung bekommen, das Böse auszudenken und das Böse dem Menschen einzufügen im Moralischen, das Böse in der Erkenntnis, den Irrtum. Das war einer der Gründe, warum die Eingeweihten sich die Männer der Sorge nannten. Sorge gerade wegen der Entwicklung der Intelligenz. Es ist schließlich gar nicht umsonst, dass die Intelligenz dem Menschen so viel Stolz und Hochmut einflößen kann. Das ist, möchte ich sagen, der Vorgeschmack für das Böse-

Werden der Intelligenz im 5. nachatlantischen Zeitraum, an des-
sen Anfang wir stehen. Und würde der Mensch nichts anderes aus-
bilden als seine Intelligenz, dann würde er auf der Erde ein böses
Wesen werden. Diese Intelligenz war noch in der ägyptisch-chal-
däischen Zeit etwas Gutes, diese Intelligenz ist dann dasjenige ge-
worden, was seine Verwandtschaft eingegangen ist mit den Kräf-
ten des Todes. Diese Intelligenz wird eine Verwandtschaft einge-
hen mit den Kräften des Irrtums, der Täuschung und des Bösen.
Die Menschheit sollte unbefangen damit rechnen, dass sie sich zu
schützen hat gegen die einseitige Entwicklung der Intelligenz." [35]

Seit dem Beginn des Bewusstseinsseelen-Zeitalters *„liegen im Un-*
terbewusstsein die bösen Neigungen, die Neigungen zum Bösen
[...]. Es gibt kein Verbrechen in der Welt, zu dem nicht jeder
Mensch in seinem Unterbewusstsein [...] die Neigung hat." [36] Die
Kräfte des Todes ermöglichten *„die Fähigkeit zur Bewusstseinssee-*
le" und die Kräfte des Bösen schaffen die Reibfläche, an der sich
im Bewusstseinsseelen-Zeitalter der Wille und die Verbindung
zum Geistig-Moralischen aus Freiheit neu entzünden kann:

„Im Weltenall walten diese Kräfte des Bösen. Der Mensch muss sie
aufnehmen. Indem er sie aufnimmt, pflanzt er in sich den Keim,
das spirituelle Leben überhaupt mit der Bewusstseinsseele zu erle-
ben. Sie sind also wahrhaftig nicht da, diese Kräfte, die durch die
menschliche soziale Ordnung verkehrt werden, sie sind wahrhaftig
nicht da, um böse Handlungen hervorzurufen, sondern sie sind ge-
rade dazu da, damit der Mensch auf der Stufe der Bewusstseins-
seele zum geistigen Leben durchbrechen kann. Würde der Mensch
nicht aufnehmen jene Neigungen zum Bösen, von denen ich eben
gesprochen habe, so würde der Mensch nicht dazu kommen, aus
seiner Bewusstseinsseele heraus den Impuls zu haben, den Geist,
der von jetzt ab befruchten muss alles übrige Kulturelle, wenn es

nicht tot sein will, den Geist aus dem Weltenall entgegenzuneh-
men. "[37]

Es liegt in der Freiheit des Menschen, ob der Intellekt, der sich zunehmend von der Seele entfremdet und droht rein mechanisch zu
werden, sich mit dem Bösen verbindet und der Mensch sich damit
dem Dämon des Zeitalters verschreibt und somit einen wirklichen
menschlichen Fortschritt zurückweist, oder ob im Erleben der
Denktätigkeit, einem Denken, das zugleich Fühlen und Wollen ist,
der Mensch das Übersinnliche erfassen lernt und sich so mit dem
Genius der Zeit verbindet. In dem Moment, wo der Mensch das
Denken wirklich ergreift, führt es ihn über sich selbst hinaus und
er erfährt die Übereinstimmung der „Denkgesetze mit der Weltenordnung."[38], er erfasst die Wahrheit. Es sprechen sich die Dinge der Welt wesenhaft aus. Die Wahrheit ist wahr unabhängig von
meiner persönlichen Befindlichkeit. Sie leuchtet in der Bewusstseinsseele auf. Parzival ist der Mensch der Bewusstseinsseele. Er
ist der *„Mann ohne Falsch",* der *„Falschheitsfäller".* Die ahrimanischen Wesen haben den Menschen *„dazu verführt, dass er das,*
was in seiner Umgebung ist, für stofflich, für materiell hält, dass er
nicht durch dieses Stoffliche hindurchsieht auf die wahren Unter-
gründe des Stofflichen, auf das Geistige. Würde der Mensch in je-
dem Stein, in jeder Pflanze und in jedem Tier das Geistige sehen,
er würde niemals verfallen sein in Irrtum und damit in das Böse."
[39]

Das Erfassen des ewig Wahren und Guten gehört zur zentralen
Aufgabe der Bewusstseinsseele. In ihr ergreift die Seele ihre eigene Wesenheit, den Kern der menschlichen Seele, *„die Seele in der*
Seele". Und *„was als Ewiges in der Seele aufleuchtet sei Bewusst-*
seinsseele genannt."[40]

Die Empfindungs- und die Verstandes-/Gemütsseele leben in der
äußeren Welt, die Bewusstseinsseele, als selbständigstes Seelen-

glied, taucht ins Göttlich-Geistige ein. Der Mensch gelangt so auch zur Erfahrung seiner Unsterblichkeit.

Was verhindert nun das Abtriften der Intelligenz in den Bereich des Bösen?

„In dem Finden des Christus-Funkens in sich, in diesem aufrichtigen und ehrlichen Sich-sagen-Können: «Nicht ich, sondern der Christus in mir», liegt die Möglichkeit, den Intellekt nicht in die Täuschung und in das Böse verfallen zu lassen." [41]

Im gegenwärtigen Zeitalter ist es möglich geworden, *„das Ich zum Christus-empfänglichen Organ zu machen, nachdem eine Weile das Ich das Denken gelernt hat durch das Christentum und die Gedanken angewendet hat auf die Außenwelt. Jetzt muss dieses Ich wiederum die Weisheit finden, welche die Urweisheit [...] des Christus selber ist."* [42]

Durch die Aufnahme des Christuswesens lebt die Liebe im Menschenherzen, die das kalte intellektuelle Licht-Element der Bewusstseinsseele durchfeuert und das Ersterben in der Kälte des intellektuellen Bewusstseins verhindert. In dem Christus hat der Mensch den Helfer, um die Kräfte des Bösen in Gutes umzuwandeln. Dazu ist erforderlich, dass der Mensch *„ein Kämpfer um das Spirituelle sein muss in dieser fünften nachatlantischen Zeit; erleben muss er, dass seine Kräfte erschlaffen, wenn er sie nicht fortwährend im Zaume hält für die Eroberung der spirituellen Welt. Im höchsten Maße ist der Mensch auf seine Freiheit gestellt in diesem fünften nachatlantischen Zeitraum!"* [43]

Die Annahme oder Ablehnung der spirituellen Welt ist in seine Freiheit gestellt.

„Jetzt, wo der Christus wiederum im Ätherischen erscheinen soll, wo wiederum eine Art Mysterium von Golgatha erlebt werden soll, jetzt wird das Böse eine ähnliche Bedeutung haben wie Geburt

und Tod für den vierten nachatlantischen Zeitraum. Im vierten nachatlantischen Zeitraum entwickelte der Christus Jesus seinen Impuls für die Erdenmenschheit aus dem Tode heraus. Und man darf sagen: Aus dem erfolgten Tode heraus wurde das, was in die Menschheit einfloß. - So wird aus dem Bösen heraus auf eine sonderbare, paradoxe Art die Menschheit des fünften nachatlantischen Zeitraums zu der Erneuerung des Mysteriums von Golgatha geführt. Durch das Erleben des Bösen wird zustandegebracht, daß der Christus wieder erscheinen kann, wie er durch den Tod im vierten nachatlantischen Zeitraum erschienen ist.“ [44]

Welche Folgen haben die Herausforderungen der Bewusstseinsseele für die menschliche Begegnung?

Das Ergreifen und Erwachen für die geistige Welt bedeutet auch ein Erwachen für das geistig-göttliche Wesen des anderen Menschen. Mit der Pflege der Bewusstseinsseele tritt ein zweites Erwachen ein: Im gewöhnlichen Tagesleben erwacht der Mensch nur an der Natur des anderen Menschen, nun erwacht er an Geist und Seele des anderen Menschen. Dies geht einher mit einem wachsenden Interesse von Mensch zu Mensch, das immer stärker werden muss.

Das ergriffene, lebendige Denken führt zur Imaginationsfähigkeit. Die Bewusstseinsseele wird zur Imaginationsseele. Es gilt den Menschen nach seiner Bildnatur aufzufassen, ihn empfinden zu lernen, als das Bild seines ewigen, geistig übersinnlichen Wesens.

„Alles äußere Sinnenfällige ist wiederum Bild eines Geistigen. Das geistige Urbild des Menschen müssen wir durchschauen lernen durch seine Bildnatur. Durchsichtig gewissermaßen wird gegen die Zukunft hin der Mensch dem Menschen werden.“ [45]

Das Bild ist die Brücke, der Weg zum Wesen. Es entzündet die Parzivalfrage: Wer bist du? Was wirret dir? Jede wirkliche Frage lässt den Menschen über sich hinauswachsen, sich über sich selber erheben.

Klingsor will diese neue, tiefe Begegnungsfähigkeit verhindern. Im Chastelmarveille hielt er über vierhundert Frauen gefangen, die nie schlafen konnten. Keine durfte Gawan sehen, keine durfte sich ihm zeigen.[46] *„Seit Klingsors Kraft sie mit Zauberei überwunden und in der Burg zusammengebracht hatte, waren sie einander unbekannt geblieben, obwohl ein einziges Tor sie verschloss. Sie waren nie zu einem Gespräch miteinander gekommen.“*[47]

Parzival ist der erste Vertreter der Bewusstseinsseele. Ihm steht der Intellekt, die *„Tumpheit“* des Materialismus zur Verfügung, aber diese Kräfte sind bei ihm in Unschuld, in den Zauber der Jungfräulichkeit getaucht. Parzival fragt mit jungfräulicher, nicht durch die übrige Natur beeinflusste Seele. Der Weg von Soltane zur Gralsburg erfolgt auf einem direkten, geraden Weg. Parzival ergreift die mit der Bewusstseinsseele frei werdenden Kräfte und bindet sie unmittelbar in den Weg aufwärts, in den Gralsweg ein, sie mit dem Geistigen verbindend, durchfeuernd und durchwärmend mit der Christuskraft.

„Man kann in dem, was über Parzival dargestellt ist, wenn man es richtig versteht, alle die verschiedenen Trainierungen der Bewusstseinsseele finden, die notwendig sind, damit von der Bewusstseinsseele in der richtigen Weise gewirkt wird, so dass der Mensch Besitz ergreifen kann von den Kräften, die durcheinanderwirbeln und miteinander kämpfen in der Verstandes- oder Gemütsseele. Je mehr der heutige Mensch in sich selber eingeht und Selbsterkenntnis üben will, ehrlich Selbsterkenntnis üben will, desto mehr wird er finden, wie in seiner Seele wühlt der Kampf, der ein Kampf innerhalb der Verstandes- oder Gemütsseele ist.“[48]

Amfortas lebt noch stark in der Verstandes- und Gemütsseele, den Herausforderungen der Bewusstseinsseele nicht genügend.

Dies führt zu einer ungelösten Seelengestimmtheit, einer inneren Zerrissenheit, in der die heutige Menschheit steht, anfällig für die Wirkungen des Bösen.

Die Erzählung des Parzival stellt den Initiationsweg der Bewusstseinsseele dar, die sich zuerst *„in dem auf sich selbst zurückgewiesenen, freien Selbstbewusstsein wie in einem Brennpunkt zusammenfasst, um in diesem die Zukunftskraft des Christus in sich aufzunehmen."* [49]

2. Amfortas

„In der ursprünglichen Gralslegende ist der Beherrscher der Burg ein Fischerkönig, ein König über ein Fischervolk. Ein anderer war auch mit einem Fischervolk zusammen, der nur nicht König dieser Fischer sein wollte, sondern etwas anderes unter diesen Fischern; der es verschmäht hat, wie ein König über sie zu herrschen, der ihnen etwas anderes gebracht hat als der herrschende König: der Christus Jesus. Hingedeutet wird also darauf, dass die Abirrung beim Fischerkönig - denn das ist eigentlich Amfortas in der ursprünglichen Legende -, dass diese Abirrung beim Fischerkönig diejenige ist, welche nach der einen Seite geht. Er ist sozusagen doch nicht ganz würdig, durch den Gral wirklich das Heil zu empfangen. Er ist es aus dem Grunde nicht, weil er mit Machtmitteln beherrschen will sein Fischervolk; er lässt nicht nur den Geist unter diesem Fischervolke walten." [50]

Amfortas ist ein reicher Fischerkönig. Sein Reichtum besteht in den vergangenen geistigen Erfahrungen, den Empfindungsseelen- und Verstandes-/Gemütsseelen-Inhalten.
Wenn der Mensch intensive Sinnes- und Welterfahrungen macht, sich ganz damit verbindet und seine Seele bereichert, so wird er diese Erlebnisse nach einer gewissen Zeit vergessen. Aber sie arbeiten tief in der Seele weiter und treten verwandelt und anregend, Lebenskraft spendend, später in die Erinnerung.

Die Erlebnisse der früheren Kulturepochen ruhen im zunehmend materialistischen Zeitalter als „Schatz" tief unten im Unterbewussten der Seele. Das materialistische Weltbewusstsein verhindert das Auftauchen der abgesunkenen Erlebnisse in die Erinnerung. Sie verbleiben im unterbewussten Bereich der Seele und werden zu ‚toten' Einschlüssen im Leib. In diesem vom Ich nicht durchdrungenen Zustand sind diese eine Angriffsfläche für die Widersachermächte, für Klingsor.

Der Vorgang, dass leidvolle Erlebnisse und Inhalte ins Unterbewusste absinken, verdrängt werden und dort zu gestaltenden Kräften werden, die Unordnung in die Organprozesse bringen, ja zur Destabilisierung und sogar Zerstörung der Organprozesse führen können, gehört zum Wesen der Krebserkrankung. In der Onkologie ist die Sprache von den „verschluckten, den nicht geweinten Tränen", dem jahrelang angestauten, in sich unterdrückten, unerlösten Leid. Die Krebserkrankung hat das heutige Ausmaß und Häufigkeit erst in den letzten Jahrhunderten angenommen, d.h. im Zeitalter der Ausbildung der Bewusstseinsseele. Sie ist Ausdruck einer einseitig gewordenen Entwicklung dieses Seelengliedes. Ihre Heilung setzt voraus, dass die vollständige Entwicklung der Bewusstseinsseele ergriffen wird und der Mensch sich auch ein spirituelles Bewusstsein von sich und der Welt erarbeitet.

Durch die Anthroposophie, dem Handwerkszeug zum bewussten Ergreifen des Schwellenüberganges [51], können *„die Schätze gehoben"*, bewusst ergriffen und in zukunftsweisende Weisheit umgewandelt werden.

Die Wunde des Amfortas ist keine physische. Sie stellt eine Vergiftung seines ganzen Wesens dar. Er verfällt Kundry (bzw. Orgeluse). Amfortas erleidet den Rückfall in niedere Minne, er ist Sklave unfreier Wunschimaginationen. Seine spirituelle Kraft reicht noch nicht aus. Die höhere Gesinnung fällt der niederen Gesinnung Klingsors zum Opfer und er verliert den Speer an Klingsor. Hier zeigen sich die Spaltungserlebnisse des modernen Menschen: Höchstes erlebend und sich niederer Minne hingebend. Die Wunde des Amfortas ist eine Menschheitswunde.

Sich erheben zur Bewusstseinsseele bedeutet die Überwindung der ‚toten' Einschlüsse im Organismus und die Hebung der ins Unbewusste abgesunkenen Erlebnisse. Es gilt den lebendigen Teil der Seele so stark zu machen, dass dieser Herr werden kann über das ‚Totgewordene', über das ins Unterbewusste Gesunkene. Solange dieses noch vorhanden ist, ist der Mensch nicht ganz Herr über sich. Der moderne Mensch ist eine Person mit polarischem Charakter.

„Oh, dieses Ich des Menschen, es ist auf der einen Seite dasjenige in des Menschen Wesenheit, durch das er allein im wahrsten Sinne des Wortes Mensch sein kann. Wir sind umso mehr Mensch, je voller, je reicher, je empfänglicher dieses unser Ich wird. Das ist die eine Seite des Ich, die uns die Entwicklungsverpflichtung auferlegt, alles zu tun, um es so reich, so vielseitig als möglich zu machen. Aber es gibt auch die Kehrseite für diesen Fortschritt des Ich zu immer reicherem und vollkommenerem Inhalt. Das ist dasjenige, was wir bezeichnen als Selbstsucht oder Egoismus. Das sich in der Bewusstseinsseele selbst erfassende Ich ist ein ‚zweischneidiges Schwert'." [52]

Es bedarf der Parzival-Frage *„Menschenbruder, was fehlt dir? Wie kann dein Schicksal sich entwirren?"* Es ist die Frage nach der Wunde des Amfortas. Die Erlösung des Amfortas geschieht durch die Kraft spirituellen Wissens und durch den, „der Lazarus auferstehen ließ".

„Und der sogenannte heilige Gral war nichts anderes als das, was pflegen kann den lebendigen Teil der Seele, so dass er Herr werden kann des ‚Totgewordenen'." [53]

Das intellektuelle Bewusstsein ist dazu nicht in der Lage. Es bedarf der Denkschulung zur Entwicklung des imaginativen Bewusstseins. Dieses ist eine Tat zur Heilung des kranken Amfortas, d.h.

die Bewusstseinsseele will ergriffen und zur Imaginationsseele gewandelt werden.

*„Alle imaginative Erkenntnis, die von der Wahrheit ausgeht, ist zu gleicher Zeit gesundend und heilsam; sie macht das Blut in seinem Kreislauf gesund." *[54]

Amfortas erleidet urbildlich das Schicksal der zweigeteilten Verstandes- und Gemütsseele. Er repräsentiert die Zerrissenheit der ganzen Menschheit, die darin besteht, dass der Mensch in der Verstandes- und Gemütsseele verbleibt und den zeitgemäßen Erfordernissen der Bewusstseinsseele nicht genügt. Die Verstandes- und Gemütsseele bedarf der Bewusstseinsseelen-Initiation, um in allen Teilen ausheilen zu können. Die Wunde des Amfortas ist Ausdruck des Siechtums aller alten Seelenkräfte, die im Zeitalter der Bewusstseinsseele durch die vollbewusste Verbindung des Menschen-Ich mit dem Christus-Ich ihre Ausheilung zu erfahren vermögen.

„Aber wiederholt muss werden, was einstmals der Initiierte durchgemacht hatte aus den Kräften der Empfindungsseele heraus, auch in dieser fünften Epoche, da sie in ihrer Morgenröte aufgeht, und ebenfalls muss wiederholt werden, was in der vierten nachatlantischen Kulturperiode durchgemacht worden ist...
Und nun forscht man danach, was denn das eigentlich ist, was da wie ein Einschluss im Menschenleibe tot ist, und was einst lebendig war. «Tot» ist relativ zu verstehen; es wird zwar belebt von der Umgebung, aber es sind solche Richtungen und Strömungen im Menschenleibe, die gegenüber dem Lebendigen immer die Anlage zum Toten haben. Man forscht, woher das kommt, und man findet dann, dass es von folgendem kommt...
Alle die heutigen Seelen haben einstmals hinausgeschaut in das Universum und die spirituellen Eindrücke ebenso empfangen, wie

sie heute die Eindrücke der Farben und Töne empfangen. Im Grunde der Seelen ist es, und die Seelen bauten sich ihre Leiber danach auf. Aber die Seelen haben es vergessen! Für das heutige Bewusstsein ist es nicht mehr in den Seelen. Und was an aufbauenden Kräften in den Seelen entspricht dem Alten, was damals die Seelen aufgenommen haben, das kann jetzt nicht am Leibe bauen, das lässt den entsprechen den Teil des physischen Leibes und Ätherleibes tot. Und wenn nichts anderes einträte, wenn die Menschen nur fortleben würden mit jenen Wissenschaften, die sich auf das äußere Physische beziehen, so müssten die Menschen immer mehr und mehr verfallen, weil die Seelen das - von den einstigen Eindrücken der spirituellen Welt -, was zum Beleben und zum Aufbau des physischen Leibes und Ätherleibes gehört, vergessen haben...

Es ist also etwas im Menschen, was der Herrschaft der Seele entzogen ist. Ich bitte Sie, gerade dieses Wort recht ernst zu nehmen, denn dadurch charakterisiert sich das Wesen des modernen Menschen, dass etwas in diesem Wesen des modernen Menschen ist, was der Herrschaft der Seele entzogen ist, was wie Totes gegenüber der umliegenden lebendigen Umgebung des menschlichen Organismus ist. Und indem sie wirken auf dieses Tote, haben auf den Menschen die luziferischen und ahrimanischen Kräfte Einfluss in einem ganz besonderen Maße, in einer ganz besonderen Art. Während der Mensch auf der einen Seite ja immer freier und freier werden kann, schleichen sich in das, was der Herrschaft der Seele entzogen ist, gerade die ahrimanischen und luziferischen Kräfte ein...

Und der sogenannte Heilige Gral war nichts anderes und ist nichts anderes als das, was pflegen kann den lebendigen Teil der Seele so, dass er Herr werden kann des Totgewordenen. Und Montsalvatsch, die Pflegestätte des Heiligen Gral, ist die Schule, in der man zu lernen hat für den lebendigen Teil der Menschenseele das, *was man natürlich in den morgenländischen und in ägyptischen Mysterien nicht zu lernen brauchte: wo man zu lernen hat, was man hineingießen muß in den lebendig gebliebenen Teil der Seele, damit man Herr werden kann des Totgewordenen des physischen Leibes und des unbewusst gewordenen der Seele. ...*

Und was sich in der Bewusstseinsseele abspielen muss, das ist ausgedrückt in alledem, was sich um die Gestalt des Parzival herumkristallisiert ...

In die Kräfte, die vorzugsweise der Bewusstseinsseele angehören, muss der Mensch Wissen aufnehmen, innerliches spirituelles Wissen, spirituelle Erkenntnis. Überwinden muss der Mensch die zwei Gebiete, die Parzival durchmacht: überwinden muss er die «Dumpfheit» und den «Zweifel» in seiner Seele [...]. Nur dadurch, dass sich in der Menschenseele das Leben ausbreitet, das Wolfram von Eschenbach Saelde nennt und das kein anderes Leben ist als das, welches spirituelles Wissen über die Bewusstseinsseele ergießt, nur dadurch kann die menschliche Seelenentwickelung von dem fünften Zeitraum an in den sechsten wirklich fruchtbar hinüberschreiten...

Denn nach und nach müssen eben überwunden werden die unbewussten und toten Kräfte der Seele und des Organismus durch eine starke Durchdringung der Bewusstseinsseele mit spirituellem Wissen, das heißt mit verstandenem, begriffenem spirituellen Wissen, nicht mit einem auf Autorität gebauten Wissen...

In unserer Verstandes- oder Gemütsseele, in den Tiefen unseres Innern müssen sich treffen der an Leib und Seele in einer gewissen Beziehung verwundete moderne Mensch, der Amfortas, und Parzival, der Pfleger der Bewusstseinsseele. Und es ist nicht uneigentlich gesprochen, sondern ganz eigentlich gesprochen, dass der Mensch, um die Freiheit sich zu erringen, durch die «Verwundung» des Amfortas gehen muss, den Amfortas in sich kennenlernen muss, damit er auch den Parzival kennenlernen kann...

Und um in der Menschennatur die Parzival-Kräfte auszubilden, muss die Amfortas-Natur im Menschen selber erkannt werden... Der Mensch der neueren Zeit trägt diese Doppelnatur in sich: strebender Parzival - und verwundeter Amfortas. So muss er sich selbst fühlen in seiner Selbsterkenntnis. " [55]

Auch ist bei Amfortas noch zu viel persönliches Eigeninteresse vorhanden. Die Hingabe an unedle Minne und das Kämpfen um des äußeren Sieges willen - der Kampf gegen das Böse, statt für das Gute - führte zum Speerverlust. Amfortas ist die Doppelnatur der Verstandes- und Gemütsseele: zum einen ist er Gralskönig, die Botschaft vom Geist aufnehmend, vermag aber noch nicht die Brücke zur Sinnes- und Verstandeswelt herzustellen. Der Schritt vom intellektuell-gemütlichen Weltbezug zum geistig-moralischen ist noch nicht vollzogen. Er lebt in einer inneren Spaltung des noch nicht „ganz", bzw. heil sein. Diese seine Wunde brennt besonders stark im Anblick des Grales, d.h. wenn die unlautere Seelenhaftigkeit dem Geiste begegnet. Was liegt hier vor?

Der menschliche Astralleib ist ein Egoist. Der Egoismus wird nicht dadurch geheilt, dass man ihn zurückdrängt, sondern nur dadurch, dass man diesen Egoismus erweitert bis zum umfassenden Welt- und Menschheitsinteresse. Parzival zeigt in seiner uneigennützigen Frage dieses Weltinteresse. Und die Frage führt zur Heilung des Amfortas. Sie führt zugleich auch zur vollen Entwicklung der inneren Kräfte und damit zur Befreiung und Hebung der „inneren Schätze".

„Dieser astralische Leib strebt also danach, in sich die Kräfte des Egoismus zu entwickeln. Wenn er aber in diesen Egoismus persönliche Interessen hineinbringt, dann wird er angefressen; er wird gleichsam, während er sich über die ganze Erde ausdehnen sollte, zusammengeschrumpft auf die einzelne Persönlichkeit. Das darf

nicht sein! Denn wenn es geschieht, wird durch die Wirkung der Persönlichkeit, die ihren Ich-Ausdruck im Blute findet, die ganze menschliche Persönlichkeit verwundet: man irrt nach der Amfortas-Seite ab. Des Amfortas Grundfehler besteht darin, dass er in die Sphäre, wo der Astralleib sich die Berechtigung erworben haben sollte, Egoist zu sein, dass er in diese hinaufträgt dasjenige, was noch an persönlichen Begierden und Wünschen im Menschen sein kann. In dem Augenblick ist es heillos, wenn man in die Sphäre, wo der astralische Leib von den persönlichen Interessen sich lösen sollte, persönliche Interessen mitnimmt; dann ist man der verwundete Amfortas.

Aber auch die andere Abirrung kann zum Unheil führen und führt nur dann nicht zu Unheil, wenn die Wesenheit, die diesem Unheil ausgesetzt ist, in solche Unschuld getaucht ist wie Parzival. Parzival sieht den Heiligen Gral wiederholt vorübergetragen werden. Er begeht gewissermaßen ein Unrecht. Jedesmal wenn der Heilige Gral vorübergetragen wird, hat er die Frage auf den Lippen, für wen eigentlich diese Speise sei; er fragt aber nicht, und zuletzt ist das Mahl fertig, ohne dass er gefragt hat. Daher muss er abziehen nach diesem Mahle, ohne dass er die Möglichkeit hat, etwas Zurückgelassenes noch zu holen. Es ist wirklich so, wie wenn der noch nicht völlig reife Mensch einen Augenblick das Hellsehen hätte in der Nacht, wie wenn er wie durch einen Abgrund getrennt wäre von dem, was in der Burg seiner Leiblichkeit enthalten ist, und er einen Blick hineintun würde, dann aber, ohne dass er die entsprechende Erkenntnis gewonnen hätte, das heißt ohne dass er die Frage getan hat, würde alles sich ihm wiederum schließen. Er würde, auch wenn er dann erwachte, nicht wieder in diese Burg hinein kommen können. - Was versäumt eigentlich Parzival? Wir haben gehört, was der Heilige Gral enthält. Er enthält das, wovon sich das physische Instrument des Menschen auf der Erde nähren muss als dem Extrakt, dem rein mineralischen Extrakt, der aus allen Nahrungsmitteln gewonnen wird und der sich verbindet im edelsten Teil des menschlichen Gehirns mit den edelsten Sinneseindrücken, Eindrücken, die durch die Sinne in uns hineinkommen. Ja, wem soll diese Speise gereicht werden? Eigentlich soll sie gereicht werden - das zeigt sich uns, wenn wir aus der exoterischen Dichterdarstellung in die esoterische Mysteriendarstellung eintreten -, eigentlich soll sie gereicht werden demjenigen Menschen, der ein Verständnis gewonnen hat für das, was den Menschen reif macht, wirklich nach und nach bewußt sich zu dem zu erheben, was dieser Heilige Gral ist. Wodurch erlangt man denn die Fähigkeit, sich bewusst zu erheben zu dem, was der Heilige Gral ist? Es wird in der Dichtung gleichsam mit Fingern darauf hin gedeutet, für wen eigentlich der Heilige Gral ist. Wenn man eingeht auf die Mysteriendarstellung der Gralslegende, dann sogar noch ganz besonders." [56]

Die Amfortasnatur ist vergangenheits- und leidgeprägt. Es ist notwendig, dass die Amfortasnatur ins Menschheitsinteresse wächst, dass Amfortas sich beleidigt, verletzt, trauernd fühlt, in sich selber, wenn irgendwo Menschheit verletzt wird. Der strebende Parzival ist zukunftsgeprägt, durch *„Mitleid wissend"*. Er wird Gralskönig, weil er im einsamen Bewusstseinsseelenelement durch errungenes Mitleid den Egoismus im eigenen Blut überwunden und in der Gralseinweihung mit Christi Blut verbunden hat.

Die Tagesintelligenz stellt sich wie ein Totes in die Welt und der Mensch ist in der Gefahr, in Vorurteile zu verfallen. Hinzukommt, dass durch jede Sinneswahrnehmung etwas von der Unschuld unseres eigentlichen geistigen Wesens verletzt wird. Das Sich-verlieren an die äußere Welt, ohne ihr Wesen zu erfassen, und das intellektuelle Bewusstsein, das den Menschen in seine Vorurteile verzaubert, lassen den Ätherleib „vertrocknen".[57] Und in diesem werden die Klingsorkräfte wirksam, die den Menschen davon abhalten, das Geistige ernst zu nehmen.

Parzival begibt sich bei Nacht in die Gralsburg, in die Welt der aufbauenden Kräfte, die auch die Erde aufbauen.[58]

„Parzival ist zunächst nicht so weit innerlich offen, dass er in selbstbewusster Weise fragt: Wozu der Gral? - Was braucht es nun? - Bei dem Fischerkönig brauchte es, dass er sein persönliches Interesse abtötete und sein Interesse so weit machte wie das Interesse der allgemeinen Menschheit bei dem Christus Jesus. Bei Parzival ist notwendig, dass er hinaufhebt sein Interesse über das bloß unschuldige Anschauen zum innerlichen Verstehen dessen, was in jedem Menschen dasselbe ist, was der ganzen Menschheit zukommt, die Gabe des Heiligen Gral. So schwebt in einer wunderbaren Weise zwischen Parzifal und Amfortas oder dem ursprünglichen Fischerkönig mitten drinnen das Ideal des Mysteriums von Golgatha. Und es wird in zarter Weise so angedeutet gerade an der entscheidenden Stelle der Legende, dass auf der einen Seite der Fischerkönig zuviel Persönlichkeit bis in die Sphären des astralischen Leibes mitgenommen hat und auf der anderen Seite Parzival steht, der noch zu wenig allgemeines Welteninteresse dort hinaufgetragen hat, der noch zu naiv, zu wenig fühlend ist mit dem allgemeinen Welteninteresse. Das ist gerade auch das ungeheuer Pädagogische der Gralslegende, dass sie so in die Seelen hereinwirken konnte bei den Schülern des Heiligen Gral, dass man etwas vor sich hatte wie eine Waage: auf der einen Seite das, was bei Amfortas war, und auf der anderen das, was bei Parzifal war; dass man dann wusste, das Gleichgewicht ist herzustellen. Wenn der astralische Leib seinem ureigensten Interesse folgt, wird er sich

hinaufheben zu jenem Horizont allgemeinster Menschlichkeit, der dann erreicht wird, wenn zur Wahrheit das Wort gemacht wird: Wo zwei in meinem Namen vereinigt sind, bin ich mitten unter ihnen, gleichgültig, wo in der Erdenentwicklung diese zwei sich finden."[59]

3. Klingsor

Die luziferischen und ahrimanischen Widersachermächte zeigen sich in Goethes *„Faust"* in der Gestalt des Mephistopheles und im *„Parzival"* von Wolfram von Eschenbach in der Gestalt des Klingsor.

Klingsor ist der Inbegriff einer Welt ohne Schöpferkräfte, wo kein Weg gegangen und keine Verwandlung gesucht wird. Es ist eine Welt, die dem spirituellen Wissen und Impuls entgegen arbeitet. Klingsor will den Menschen in ein selbstbezogenes Verhältnis zur Sinneswelt verführen und die Suche nach dem Wesen der Dinge verhindern.

Der Sage nach rang er einst nach dem Heiligen. Er ging auf Kalot Bobot (Sizilien) eine Beziehung zu Iblis, der Gattin König Giberts, ein. Er wurde erwischt und entmannt. Die Folge war, dass sich bei ihm ein fortwährender Hass gegenüber allen Männern und Frauen einstellte. Seine Wirkung auf Kundry und Malkreature soll verhindern, dass die Menschen sich wirklich begegnen.

Nach Rudolf Steiner hat sich Klingsor selbst verstümmelt, um nicht der Sinnlichkeit zu verfallen, aber er hat damit das Verlangen nicht überwunden. Das asketische Christentum des Mittelalters tötete auch die Sinnlichkeit, aber nicht die Begierde, das Verlangen.

„Etwas Höheres sah man in der Entsagekraft der höheren Spiritualität, die nicht durch Zwang die Sinnlichkeit abtötet, sondern die durch höheres geistiges Erkennen diese Sinnlichkeit veredelt und sich erhebt in das Reich der geläuterten Liebe. Amfortas und die Gralsritterschaft erstreben es, aber es war bis dahin nicht möglich, dieses Reich zu schaffen." [60]

Die Klingsorwelt ist auch die Welt der veräußerlichten, profanierten Mysterien. Dies alles zeigt die zutiefst unerlöste Welt und die

Zerrissenheit Klingsors – eine Welt der schwarzen Magie und gewaltiger Zauberkräfte.

Er erstrebt die Irreführung des menschlichen Ich. Die Verstandesseele soll in materiellen Begriffen erhalten bleiben und das Unterbewusste immer enger an das Triebleben gefesselt werden.

Die Aufgabe der Bewusstseinsseele hingegen liegt im bewussten Ergreifen der ins Unterbewusste versunkenen Impulse und Erlebnisse früherer Kulturen (d.h. der Empfingungsseelen- und der Verstandes-/Gemütsseelenzeit) und im Verlebendigen der ‚toten' Einschlüsse in der eigenen Organisation. Wird der Weg zur Vergeistigung, zur Weisheitsbildung nicht gegangen, so bleiben die ins Unterbewusste versunkenen und im Organismus unlebendig gewordene Erlebnisse eine Angriffsfläche für die Widersachermächte, für die Klingsorkräfte.

Schastelmarveille, die Klingsor- bzw. Anti-Gralsburg, ist der Sammelort böser Kräfte, die an dieses Gebiet der Seele und des Leibes herangehen.

„Wenn der mittelalterliche Initiierte im Bilde darstellen wollte, was er zu lernen hatte, um so seinen lebendig gebliebenen Seelenteil zu durchdringen mit der neuen Weisheit, so wies er hin auf die Burg des Heiligen Gral und auf das, was als neue Weisheit - das ist ja der «Gral» - von dieser Burg ausgeht. Und wenn er hinweisen wollte auf das, was dieser neuen Weisheit feindlich ist, so wies er hin auf ein anderes Gebiet, auf jenes Gebiet, worinnen alle die Wesenheiten und Kräfte hausten, die es sich zur Aufgabe gemacht hatten, an den tot gewordenen Teil des menschlichen Leibes und den unbewusst gewordenen Teil der menschlichen Seele heranzukommen. Dieses Gebiet, in das mit Recht - im okkulten Sinne gesprochen - mit Recht versetzt wurden alle die Nachkömmlinge der schlimmen geistigen Wesenheiten älterer Zeiten, die sich herüberbewahrt hatten die schlimmsten Kräfte orientalischer Zauberei -

nicht die besten Kräfte, die auch geblieben waren, das Gebiet, das in dieser angedeuteten Beziehung am bösartigsten war, das da dem Gral am feindlichsten gegenübersteht, war «Chastelmarveille», der Sammelort von alledem, was an den Menschen herankommt, an dieses Gebiet des Leibes und der Seele des Menschen, das eben ein solches karmisches Schicksal erfahren hat, wie eben angedeutet worden ist." [61a]

Der Zaubergarten Klingsors (R. Wagner schrieb den II. Akt des „Parsifal" in der Solfatara-Landschaft der Bucht von Neapel. Er spürte hier die Nähe des Zaubergartens.) ist eine Karrikatur des ,Karfreitagszaubers', des Reiches Christi im Reich der Sinne. R. Wagner hatte am Karfreitag 1857 die Inspiration für seinen „Parsifal" und vollendete ihn 1879, zu dem Zeitpunkt, wo Michael seine Zeitgeistaufgabe übernahm. Die nun möglich gewordene Wissenschaft vom Gral, die Anthroposophie, schafft die notwendige Anregung und Weckkraft für die tief unten in der Seele sitzenden Weisheitskräfte. Sie regt an, das ins Unterbewusstsein Gesunkene zu heben und das ,tot Gewordene' zu beleben. Diese Geste zeigt sich auch im Darbringen der Gaben der Heiligen drei Könige: Die Gaben stellen die Essenz der drei früheren Kulturen[61b] dar und werden dem Christus dargebracht, damit sie durch ihn zukunftsfähig werden.

Im 9. Jahrhundert wird Parzival Gralskönig. Aber auch die Antigrals-, die Klingsorkräfte sind wirksam: Über das Konzil von Konstantinopel erfolgt 869 die Abschaffung des Geistes. Der Mensch hat nur noch Leib und Seele, letztere mit ein paar geistigen Eigenschaften.

4. Kundry

Wolfram von Eschenbach beschreibt Kundry wie folgt: Sie lebt einmal als Gralsbotin. Sie bringt wichtige Kunde (u.a. zu Parzival), Nahrung (zu Sigune) und Arznei (zu Arnive, der Mutter des König Artus, die in Schastelmarveille gefangen gehalten wird) vom Gral. Aber sie lebt auch immer wieder in Klingsors Reich. Richard Wagner stellt dies wie folgt dar:

„Sagte ich Ihnen schon einmal, dass die fabelhaft wilde Gralsbotin ein und dasselbe Wesen mit dem verführerischen Weibe des zweiten Actes sein soll? Seitdem mir dies aufgegangen, ist mir fast alles an diesem Stoffe klar geworden. Dies wunderbar grauenhafte Geschöpf, welches den Gralsrittern mit unermüdlichem Eifer sclavenhaft dient, die unerhörtesten Aufträge vollzieht, in einem Winkel liegt, und nur harrt, bis sie etwas Ungemeines, Mühvolles zu verrichten hat, - verschwindet zu Zeiten ganz, man weiss nicht wie und wohin? -
Dann plötzlich trifft man sie einmal wieder, furchtbar erschöpft, elend, bleich und grauenhaft: aber von Neuem unermüdlich, wie eine Hündin dem heiligen Grale dienend, vor dessen Rittern sie eine heimliche Verachtung blicken lässt: ihr Auge scheint immer den rechten zu suchen,- sie täuschte sich schon - fand ihn aber nicht. Aber was sie sucht, das weiss sie eben nicht: es ist nur Instinct. - Als Parzival, der Dumme, in's Land kommt, kann sie den Blick nicht von ihm abwenden: wunderbares muss in ihr vorgehen; sie weiss es nicht, aber sie heftet sich an ihn. Ihm graust es - aber auch ihn zieht es an: er versteht nichts. (Hier heisst's - Dichter, schaffe!) Nur die Ausführung kann hier sprechen! - Doch lassen Sie sich andeuten, und hören Sie so zu, wie Brünnhilde dem Wotan zuhörte. - Dieses Weib ist in einer unsäglichen Unruhe und Erregung: der alte Knappe hat das früher an ihr bemerkt zu Zeiten, ehe sie kurz darauf verschwand. Diesmal ist ihr Zustand auf das höchste

gespannt. Was geht in ihr vor? Hat sie Grauen vor einer abermali-
gen Flucht, möchte sie ihr enthoben sein? Hofft sie - ganz enden zu
können? Was hofft sie von Parzival? Offenbar heftet sie einen un-
erhörten Anspruch an ihn? - Aber alles ist dunkel und finster: kein
Wissen, nur Drang, Dämmern? - In einem Winkel gekauert wohnt
sie der qualvollen Scene des Anfortas bei: sie blickt mit wunderba-
rem Forschen (sphinxartig) auf Parzival. Der - ist auch dumm, be-
greift nichts, staunt - schweigt. Er wird hinausgestossen. Die Grals-
botin sinkt kreischend zusammen; dann ist sie verschwunden. (Sie
muss wieder wandern.)
Nun rathen Sie, wer das wunderbar zauberische Weib ist, die Par-
zifal in dem seltsamen Schlosse findet, wohin sein ritterlicher Muth
ihn führt? Rathen Sie, was da vorgeht, und wie da Alles wird. Heu-
te sage ich Ihnen nicht mehr!" [62]

Parzival findet sich nach dem ersten Gralsburg-Aufenthalt, wo er
versäumte, die so wichtige Frage zu stellen, wieder auf dem Hof
des Königs Artus ein.[63] Hier erscheint Kundry in tierischer Gestalt
und Aussehen, *„Die Hässliche und doch so Stolze"*, auf einem *„fah-*
len" Maultier reitend (siehe das 4. apokalyptische Siegel). Es geschieht mit innerer Notwendigkeit: *„Sie kam, das musste wohl*
sein" und *„Was sie verkündete, brachte vielen Leuten Leid"*. Sie
brachte *„Schmerz in Artus Heer"*, *„schlug alle hohe Freude darnie-*
der", *„entriss all den frohen Scherz"*, das war *„der Ursprung der*
Trauer" - *„die Kraft der Tafelrunde war gelähmt"*. Wodurch? Kundry spiegelt Parzival sein Tun, sein Versagen und zeigt die Folgen
auf. *„Verflucht sei euer lichtes Antlitz und euer mächtiger Leib."*
„Du hast den traurigen Fischer nicht von seinem Elend erlöst. Dein
Herz ist leer von rechter Gesinnung." Und zu Artus spricht sie: *„Ist*
denn hier kein edler Ritter, der nach einem Kampfgeist begehrt
und nach hoher Minne?" und verweist auf den Kampfplatz Schas-

telmarveille. Hier stehen die entscheidenden Prüfungen an. Parzival zeigt sich zutiefst erschüttert: *„Ich will mich keiner Freude mehr hingeben, ehe ich den Gral gesehen habe."* Es folgt die Prüfungszeit Gawans in Schastelmarveille und der Prüfungsweg Parzivals, der durch den Gotteszweifel hindurchgeht, bis er herangereift ist, Gralskönig werden zu können. Zu diesem Zeitpunkt erscheint Kundrie wieder am Hof des König Artus, in kostbarer, reicher Kleidung und als die *„weise, die niemals törichte"*. Sie fällt Parzival zu Füßen und bittet ihn weinend, er solle aufhören ihr zu zürnen und ihr verzeihen. *„Gott will Gnade erweisen an Dir. Du bist hoher Ehre teilhaftig geworden, die Krone des Menschenheiles. Du sollst des Grales Herr sein. Dein wahrhaftiger Mund, deines Mundes Frage wird den König Amfortas erretten."*

War Kundrie beim ersten Mal hässlich und fluchend erlebbar, so erscheint sie, nachdem Parzival den Prüfungsweg bestanden hat, nun edel, in feinster Kleidung, ganz verwandelt. Hat Parzivals erfolgreiches Bestehen der Prüfungen diese Umwandlung bewirkt?! Zeigt hier Kundry nicht das Wesen des Kleinen Hüters der Schwelle bzw. des Doppelgängers des Menschen?! Der Kleine Hüter der Schwelle ist ein vom Menschen selber geschaffenes Wesen, gewoben aus all seinen guten und schlechten Taten. Wenn er zum ersten Mal diesen Kleinen Hüter der Schwelle geistig wahrnimmt, so ist dies ein erschütterndes Erlebnis. Die Wirkung ist, dass der Mensch vom Eintritt in die geistige Welt zurückgehalten wird, weil er noch nicht dazu reif ist. Je mehr dem Menschen durch die Lebensprüfungen und die geistige Schulung die moralischen Kräfte wachsen, umso mehr geschieht die Umwandlung des Kleinen Hüters der Schwelle: Er wird veredelt, schöner, so wie Kundry bei ihrem zweiten Erscheinen.

Bei Richard Wagner erscheint Kundry im I. und III. Akt als dienende Gralsbotin, im II. Akt als gefürchtete Zauberin. Sie ist hier die verführerische Kraft der sinnlichen Liebe, erscheint verzaubert in höchster ‚Schönheit', steht aber unter dem dämonischen Einfluss und Zwang Klingsors. In seinem Reich kann sie auch lügen, im Gralsbereich hingegen lügt sie nie. Sie will sich der Intention Klingsors, Parzival zu verführen, verweigern - *„Ich will nicht"* -, muss sich ihm aber fügen: *„Du musst."*

Und doch wird letztlich nur durch sie die Erlösung des Amfortas möglich: dadurch, dass Parzival ihrer Verführung widersteht und dann Gralskönig wird - *„Nur der kann sie erlösen, der ihrer Anmut widersteht."*

Klingsors Zauberreich ist ein Bild für die völlig veräußerlichten Mysterien, die aber auf den Menschen eine stark verführerische Wirkung ausüben. Klingsor ruft Kundry *„aus der Tiefe"*. Sie steigt auf aus einem *„bläulichen Licht"*. Die ahrimanische Seite Klingsors greift beim Menschen beim Ätherischen an. Für den Geistesforscher erscheint dieses geistig in einem ‚bläulichen Licht'. Die sinnliche Karrikatur ist heute im Bereich der Medien festzustellen, wo der Bildschirm „bläulich leuchtet". Nachdem Kundry Parsifal verflucht hat, taucht Klingsor wieder auf: Ahriman heftet sich an das Doppelgängerwesen.

In der Parsifal-Fassung R. Wagners wird eine weitere Wesensseite Kundries offenbar: Im II. Akt erkennt sie, nachdem Parsifal ihren Verführungsversuch zurückgewiesen hat, die unmittelbare Folge ihrer Zurückweisung:

„So war es mein Kuss,
der Welt-hellsichtig dich machte?
Mein volles Liebes-Umfangen
lässt dich dann Gottheit erlangen!" [64]

Und nun spricht sie von ihrem ewigen Leid:

„Die Welt erlöse, ist dies dein Amt:
schuf dich zum Gott die Stunde,
für sie lasse mich ewig verdammt,
nie heile mir die Wunde." [64]

Was ist ihre Wunde?

„Grausamer! - Ha! -
Fühle du im Herzen
nur anderer Schmerzen,
so fühle jetzt auch die meinen!
Bist du Erlöser,
was bannt dich Böser,
nicht mir auch zum Heil dich zu einen?
Seit Ewigkeiten - harre ich deiner,
des Heilands, ach! So spät,
den einst ich kühn verschmäht, -
Oh! -
Kenntest du den Fluch,
der mich durch Schlaf und Wachen,
durch Tod und Leben,
Pein und Lachen,
zu neuem Leiden neu gestählt,
endlos durch das Dasein quält! -
Ich sah - Ihn - Ihn -
und - lachte ...
da traf mich sein Blick. -
Nun such' ich ihn von Welt zu Welt,
ihm wieder zu begegnen:
in höchster Not -
wähn' ich sein Auge schon nah,

den Blick schon auf mir ruhn: -
da kehrt mir das verfluchte Lachen wieder. -
ein Sünder sinkt mir in die Arme!
Da lach' ich - lache -,
kann nicht weinen:
nur schreien, wüten,
toben, rasen
in stets erneuten Wahnsinns Nacht,
aus der ich büßend kaum erwacht. -
Den ich ersehnt in Todesschmachten,
den ich erkannt, den blöd' Verlachten,
lass mich an seinem Busen weinen,
nur eine Stunde dir vereinen,
und, ob mich Gott und Welt verstößt,
in dir entsündigt sein und erlöst."

Parsifal antwortet hierauf:

„In Ewigkeiten
wärst du verdammt mit mir
für eine Stunde
Vergessen meiner Sendung
in deines Arms Umfangen! -
Auch dir bin ich zum Heil gesandt,
bleibst du dem Sehnen abgewandt." [65]

Die Widersachermächte wollen verhindern, dass dem Menschen seine vorgeburtlichen Impulse ins Bewusstsein kommen, dass er seine Sendung vergisst.

Kundry: *„Den Weg, den du suchst,*
dess' Pfade sollst du nicht finden." [66]

Heute darf es aber bei keinem unklaren, unbewussten Suchen mehr bleiben:

„Das ist das Wichtigste: dass man versteht, was man tief innerlich erlebt; denn das kann nicht mehr lange so fortgehen, dass nur ein unklares Suchen herrscht. Was kommen muss, ist ein gewisses Licht, das sich ausgießen will über dem unklaren Suchen, aber ohne ins Trockene, ohne ins Kalte hineinzukommen. Mit Bewahrung des Herzblutes muss man Licht finden können.“ [67]

Das innere Erwachen und diesen Kräften widerstehen ist zugleich ein Schritt zur Erlösung dieser Mächte. Dieses Licht vermag Kundry zu überwinden.

Kundry offenbart weiter ihr erschütterndes Schicksal. Klingsor spricht es noch konkreter aus:

„Herauf! Hierher! Zu mir!
Dein Meister ruft dich Namenlose
Ur-Teufelin! Höllen-Rose!
Herodias warst du…“ [68]

Kundry als die wiederverkörperte Herodias.

Sie ist die Gestalt der Anti-Gralsströmung. Sie ist zu steter gleicher Wiedergeburt verdammt, eine Ahasvergestalt, da sie Jesus unterm Kreuz verlachte. Sein Blick traf sie, für sie ein Urtrauma, nun in steter Unruhe weiterlebend. Sie war von Sehnsucht erfüllt, hat ihn aber zurückgewiesen, verlacht. Kundry bleibt eine schwarze Zauberin, bis Parzival sie erlöst.

Zu Beginn des III. Aktes erwacht sie stöhnend im Gralsgebiet unter einer Dornenhecke: *„Dienen, dienen“* ist nun ihr einziges Ansinnen, das sie aus dem tiefsten Inneren stammelt, nachdem Parsifal ihrer Verführung widerstand.

Parsifal, den Fluch Kundries und den Speer tragend, den er nicht zum äußeren Kampf verwenden darf - und so viele Verletzungen auf dem Weg erleidend -, gelangt ins Gralsgebiet. Es kommt zunächst zur Begegnung mit Gurnemanz und Kundry, in dessen Verlauf Kundry die Füße Parsifals salbt und dann Gurnemanz das Haupt Parsifals. Im Johannes-Evangelium erfährt der Christus vor dem Einzug in Jerusalem die Salbung der Füße. Intuitiv vorausschauend wird der Inkarnationsstrom gestärkt, damit der Einzug in Jerusalem, das vollständige Ergreifen des Leibes durch den Sohnesgott gelingen kann. Am Karmittwoch vollzieht Maria von Magdala die Salbung des Hauptes des Christus Jesus. Dies ist die Salbung eines Todgeweihten. Über das Haupt verlässt das Geistig-Seelische des Menschen den Leib. In diesen Bildern wird der Weg des Parsifal zum Christus-Eingeweihten offenbar. Er, der in dem Widerstehen der Verführung Kundries „Welt-hellsichtig" wurde, die Tiefe der Wunde des Amfortas erlebt, bis hin zu dem Leid des Christus Jesus, erfährt nun die zunehmende Durchchristung seines Wesens. Das Böse, das Verführerische ist überwunden und gliedert sich nun dienend ins Weltgeschehen ein.

Nun vollzieht Parsifal die Taufe Kundries. Ihr Ahasverwesen wird verwandelt, erfährt die Erlösung. Seit langer Zeit vermag sie wieder zu weinen, loszulassen. Diese Tränen haben heilende, verjüngende Wirkung für die Natur:

Parsifal:

„Mein erstes Amt verricht' ich so: -
die Taufe nimm,
und glaub an den Erlöser! - (er wendet sich um, und sieht nun auf Wald und Wiese)
Wohl traf ich Wunderblumen an,

zum Haupte süchtig mich umrankten;
doch sah ich nie so mild und zart
die Halmen, Blüten und Blumen,
noch duftete all' so kindisch hold
und sprach so lieblich traut zu mir?

Gurnemanz:

Das ist Char-Freitags-Zauber, Herr! ...
Des Sünders Reuetränen sind es,
die heut' mit heil'gem Tau
beträufet Flur und Au':
der ließ sie so gedeihen.
Nun freut sich alle Kreatur
auf des Erlösers holder Spur....
Da die entsündigte Natur
heut' ihren Unschuldstag erwirbt.

Parsifal: (zu Kundry):

Auch deine Träne ward zum Segenstaue: du weinest - sieh! Es
lacht die Aue.[70]

Das durchchristete Wesen des Menschen durchchristet die Natur.
Als Parsifal dann Gralskönig wird, vollzieht sich der letzte Einwei-
hungsschritt in das Christus-Mysterium: die vollständige Verbindung mit dem Christuswesen selber. Wie bei der Taufe Jesu, als
der Christus-Geist in ihn einzog, erscheint auch hier eine ‚weiße
Taube' über dem neuen Gralskönig. In diesem Augenblick „sinkt
Kundry mit dem Blick zu Parsifal entseelt zu Boden", d.h. der Doppelgänger, der Kleine Hüter der Schwelle, ist umgewandelt, ist
überwunden und die Verbindung mit dem Großen Hüter der
Schwelle, dem Christus, vollzogen.

III. Der Parzivalweg

1. Der Gral

Wohin führt der Weg? Was ist der Gral?

Der Gral, so heißt es im *„Parzival"*, ist unsichtbar für Ungetaufte. Erst nachdem Feirefis die christliche Taufe erfahren hat, wird der Gral auch für ihn sichtbar. Der Gral ist also nicht sinnlicher, sondern übersinnlicher Natur. Der Gral als ‚Stein' weist auf die moralische Qualität hin: die Edelsteine der Apokalypse des Johannes[71] sind Bilder für menschliche Tugenden, für hohe Moralität.

„Sie leben von einem Stein,
dessen Art muss edel sein.
Ist dieser dir noch unbekannt,
ein Name wird dir hier genannt.
Er heißt Lapis exilis.
Von seiner Kraft der Phönix verbrennt,
dass er zur Asche wird,
und der Glut verjüngt entschwirrt." [72]

Die verbrennende, reinigende und sich neu erschaffende Kraft, das ‚Durch Tod und Auferstehung Gehen', wohnt dem menschlichen Ich inne, und steht in Verbindung mit dem Stein Lapis exilis. Die Wunde des Amfortas brennt im Anblicke des Grals. Hier muss etwas vollständig verbrennen bis zur Stufe der Asche, der neuen Empfänglichkeit für den Geist. Es ist die strebende Parzivalkraft, die sich verjüngend dem Gralsgeschehen verbindet.
Der Gral als ‚Schale' zeigt die aufnehmende und die schenkende Gebärde, als Abendmahlskelch und als ‚Schale', welche das Blut Christi auffing. Diese ‚Schale' brachten nach der Sage Engel in die westliche Welt für die Menschen, die zum wahren Verständnis Christi kommen wollen.

Eine tiefe imaginative Erzählung[73] weist darauf hin, dass beim Sturz Luzifers ein Stein aus seiner Krone fiel. Dieser Stein ist das menschliche Ich. Luzifer impulsierte die menschliche Ich-Entwicklung, die Egoität. Der menschliche Leib ist das heilige Gefäß, der Tempel für das menschliche Ich. Wenn die volle Kraft des Ich sich zur Schale für den Christus, zur Gralsschale bildet, wird der Mensch zum Christusträger, zum Christopherus.

Der Gral kann nur ‚von einer reinen Jungfrau getragen werden, die ohne Falsch ist'.[74] Er ist so schwer, dass ihn ‚die ganze falsche Menschheit nicht von der Stelle tragen kann'.[75] Es bedarf des reinen Toren, der vollkommen jungfräulichen Seelenstimmung, die Voraussetzung ist für die Geistgeburt im Menschen.

Grals-Speer und Grals-Schale sind zutiefst mit dem Parzivalweg verbunden: Der Speer zeigt die männlich aktive, die Schale die weiblich aufnehmende Seite des Ich.

Arbeitet der moderne Mensch an seinem Ich, was vor allem durch die moralische Schulung und die geisteswissenschaftliche Arbeit sich vollzieht, wird das Ich zur Schale für das ‚Blut Christi', für die neuen Ätherkräfte moralischer Natur. Der moderne Gralsritter kämpft für das moralische Reich Christi. Die Voraussetzung dafür ist der schwerste Kampf, der Kampf mit sich selbst und damit zusammenhängend die Überwindung Kundries, des Doppelgängers, auf dem Weg zum Gralskönig.

Die neuen moralischen Ätherkräfte sind ewige Jugend- und Zukunftskräfte. Das Weltjugendhafte will in die Menschheit hinein, erneuernd alle Lebensgebiete.

Aber welches ‚Pferd' gilt es heute zu reiten? Welches ‚Schwert' zu führen? Und wo ist der ‚See', wo Amfortas auf Parzival wartet?

2. Zum Neuen Jerusalem

Parzival wächst als Kind fern der Welt im paradiesischen Soltane auf. Er sollte dem Christus-Ereignis rein begegnen, ohne einengende gesellschaftliche Urteile oder festlegende kirchliche Belehrungen. *„In Parzival haben wir eine Persönlichkeit, die abseits erzogen worden ist von der Kultur der äußeren Welt, die zu den Wundern des Heiligen Gral hat geführt werden sollen, damit sie nach diesen Wundern fragt, aber fragt mit jungfräulicher, nicht durch die übrige Kultur beeinflusste Seele."* [76] Parzival ist der reine Tor, der reine unschuldige Mensch, dem Kindeswesen gleich. Diese Reinheit entspricht der Voraussetzungslosigkeit gegenüber dem Gral und gegenüber der geistigen Welt. Der Weg führt von Soltane bis zur Gralsburg, entsprechend dem Weg vom Paradies bis zum Neuen Jerusalem - *„die Braut des Lammes, die sich aus dem Himmel herniedersenkt"* -, dem Ziel der Menschheitsentwicklung.

Die Edelsteine des Neuen Jerusalems Chalcedon, Sardonix, Chrysolith, Chrysopras, Beryll, Topas, Karneol, Jaspis, Hyazinth, Smaragd, Amethyst und Saphir - als Bilder für moralische Tugenden des Menschen – finden sich auch in der Gralsburg wieder; ebenso das Gold der Weisheit und das Wasser des Lebens sowie das Zwölffach-Früchte-Hervorbringen (im nährenden und verjüngenden Gral). Die Erdentwicklung wird dann ihr Ziel erreicht haben, wenn die Erde moralisch vollkommen umgearbeitet worden ist, ganz nach „dem Maß des Menschen".

Geistig-seelisch führt der Weg von der Tumpheit, von der intellektuellen Verblendung und Befangenheit der Seele im Materiellen (vom Kosmischen her gesehen ist der Intellekt absolut dumm), durch das Tal, den Gottes Zweifel, mitten hindurch bis zur Saelde, der neuen Geisterfahrung.

In dem Gralsmärchen der Brüder Grimm *„Das Wasser des Lebens"* ignorieren die beiden älteren Brüder die Hilfe des Zwerges, d.h. der geistigen Welt, und bleiben in der Folge zwischen zwei Bergen stecken, d.h. in der Sackgasse des Materialismus. Da gibt es kein vor und zurück mehr. Der Jüngste nimmt die Hilfe des Zwerges an und gelangt mitten hindurch zum ‚Wasser des Lebens' und am Ende mitten über die goldene Straße zur Königstochter. Die Straße im Neuen Jerusalem besteht aus lauterem Gold und im Neuen Jerusalem fließt das Wasser des Lebens.

Der Parzivalweg birgt in sich den Weg vom Paradies bis zum Neuen Jerusalem. Jede moralische Tat ist ein Baustein zu dieser rein aus Moralität gebauten Stadt.

Wer ist zum Gral berufen? Es ereignet sich, wenn der Mensch dazu reif ist…

3. Die Frage

„So sehen wir, wie Wolfram von Eschenbach in seine Darstellung hineinverwebt die drei Stufen der Menschenseele, die erst ausgeht von der äußeren sinnlichen Wahrnehmung, wo sie, im Materiellen befangen, sich sagen lässt vom materiellen Geist, was wahr ist. Das ist die Seele in ihrer «Tumbheit», wie Wolfram von Eschenbach sich ausdrückt. Dann erkennt die Seele, wie die Außenwelt nur Illusionen gibt. Wenn die Seele merkt, dass in dem, was die Naturwissenschaft zu geben vermag, nicht Antworten zu finden sind, sondern nur Fragen, so verfällt die Seele in das, was Wolfram von Eschenbach nennt den «Zwifel». Dann aber steigt sie auf zur «Saelde», zur Seligkeit, zum Leben in den geistigen Welten. Das sind die drei Stufen der Seele." [77]

Der materialistische Denker verbleibt in der ‚Tumpheit'. Er ist kein Frager, denn er weiß schon alles.

„Das ist das Charakteristikon der materialistischen Kultur, dass diese Menschen alles wissen, dass sie nicht fragen wollen. Sogar die jüngsten Menschen wissen heute alles und fragen nicht. Man hält das für Freiheit und für eine Erhöhung des persönlichen Wertes, wenn man überall ein persönliches Urteil fällen kann [...]. Indem wir glauben, unabhängig zu sein, werden wir nur um so sklavischer abhängig von unserem eigenen Inneren. Wir urteilen, aber wir verlernen vollständig zu fragen." [78]

Wo ist nun das Urteilen und wo das Fragen am rechten Platz?

„Gewiß müssen wir urteilen in bezug auf die äußeren Verhältnisse des Lebens. Daher habe ich auch nicht gesagt, wir sollen überall unser Urteilen einschränken; sondern über das, was die tieferen Geheimnisse der Welt sind, sollen wir die erwartungsvolle Fragestimmung kennenlernen. Fortgehen wird unsere spirituelle Bewegung durch alles, wodurch diese Fragestimmung in einem größe-

ren Teile der Menschheit anerkannt und gefördert wird; gehemmt wird unsere spirituelle Bewegung durch alles, was an leichtfertigem Urteilen sich dieser Strömung entgegensetzt. Und wenn wir in rechten Feieraugenblicken unseres Lebens uns zu überlegen versuchen, was wir aus einer solchen Darstellung gewinnen können, wie die von dem nach der Gralsburg gehenden Parzival, der fragen soll, dann gewinnen wir gerade in dieser Parzival-Gestalt ein Vorbild für unsere spirituelle Bewegung." [79]

Die materialistische Bildung geht vor allem mit dem Wissen, dem Fertigen, dem der Vergangenheit angehörenden um. Das mechanische Auswendiglernen und das Überprüfen des Auswendiggelernten sind Hauptbestandteile dieser Bildung. Das individuelle Forschen, Suchen und Fragen findet zu wenig Berücksichtigung. Von Gurnemanz wird Parzival angehalten keine Fragen zu stellen: „Ihr sollt nicht viel fragen." Hier zeigt sich ein mephistophelischer Einfluss. Nicht fragen heißt, sich nicht mehr entwickeln, sondern sich gesellschaftlich nur anzupassen - eine Kulturkrankheit, die den Widersachermächten in die Hände spielt.
Auf dem Weg zum Wesen der Dinge müssen wir aber wieder lernen zu fragen.

„Wir werden niemals auf dem physischen Plan etwas Vernünftiges lernen, wenn wir nicht sozusagen von den Dingen veranlasst werden, Erkenntnisfragen zu stellen, wenn uns nicht die Dinge Rätsel aufgeben, so dass diese Rätsel in uns entstehen. Beim bloßen Anschauen der Dinge und Vorgänge werden wir auf dem physischen Plane niemals zu einer sich selbst führenden Seele kommen können." [80]

Im Erahnen des Wesens wird dieses in seiner physischen Erscheinung zum Geheimnis, das jedes Mal fürs Verständnis neu entsiegelt werden muss. Die Frage ist eine Suchbewegung zum Wesen hin.

„Mit dem vierten nachatlantischen Zeitraume, in welchen das Mysterium von Golgatha hineinfiel, war das alte Hellsehen verschwunden. Eine neue Organisation der Menschenseele trat auf, eine Organisation der Menschenseele, die überhaupt abgeschlossen bleiben muss von der geistigen Welt, wenn sie nicht fragt, wenn sie nicht den Trieb hat, der in der Frage liegt." [81]

Nach dem Wesen einer Sache zu fragen, heißt letztlich das Wesen, die geistige Welt selber zu befragen:

„Fragen lernen wir nur, wenn wir jenes Gleichmaß der Seele in uns auszubilden vermögen, das sich Ehrfurcht und Ehrerbietung bewahren kann vor den heiligen Gebieten des Lebens, wenn wir imstande sind, in unserer Seele so etwas zu haben, das immer den Drang hat, sich auch durch das eigene Urteil nicht zu engagieren gegenüber dem, was aus den heiligen Gebieten des Lebens an uns herandringen soll. Fragen lernen wir nur, wenn wir uns versetzen können in eine erwartungsvolle Stimmung, so dass durch dieses oder jenes Ereignis sich uns dieses oder jenes im Leben offenbaren mag, wenn wir warten können, wenn wir eine gewisse Scheu tragen, das eigene Urteil anzuwenden gegenüber dem gerade, was mit Heiligkeit aus den heiligen Gebieten des Daseins herausströmen soll, wenn wir nicht urteilen, sondern fragen, und nicht nur etwa Menschen fragen, die uns etwas sagen können, sondern vor allem die geistige Welt fragen, der wir nicht unser Urteilen entgegenhalten, sondern unsere Frage, unsere Frage schon in der Stimmung, in der Gesinnung." [82]

Das Fragen bedeutet zugleich den Trieb zu haben, dasjenige, was ohnedies in der Seele lebt, wirklich zu entfalten. Dieses Entfalten, das Erwecken des Inneren spielt eine wesentliche Rolle beim Hei-

len der Wunde des Amfortas und beim Hochholen der ‚Schätze'
des reichen Fischers.

Was verhindert diesen Weg?

*„Kommt ein Mensch bloß aus der Stimmung des Urteilens, dann
kann er alle Bücher und alle Zyklen und alles lesen - er erfährt gar
nichts, denn ihm fehlt die Parzival-Stimmung. Kommt jemand mit
der Fragestimmung, dann wird er noch etwas ganz anderes erfahren, als was bloß in den Worten liegt. Er wird die Worte fruchtbar
mit den Quellkräften in seiner eigenen Seele erleben. Dass uns das,
was uns spirituell verkündet ist, zu einem solchen inneren Erleben
werde, das ist es, worauf es ankommt."* [83]

Diese Quellkräfte bewirken das Ins-Bewusstsein-Heben des Ins-
Unterbewusste-Versunkene und ein Verlebendigen der ‚toten'
Einschlüsse.

*„Das Fragen der Seele nach dem Höchsten, das sie finden konnte,
wurde in den späteren Zeiten draußen in der Welt genannt ‚Das
Geheimnis vom Heiligen Gral' [...]. Solange die Menschen nicht fragen nach dem Unsichtbaren, geht es ihnen wie Parzival. Erst als er
fragt, wird er ein Eingeweihter des Christus-Mysteriums."* [84]

4. Die Spiritualisierung der Intelligenz

Der Abstieg der kosmischen Intelligenz vollzog sich in seiner notwendigen Form bis ins 8. nachchristliche Jahrhundert und immer stärker sich zeigend bis zur vollständig erreichten Armut des Intellektes im modernen Zeitalter der Bewusstseinsseele.

In dem Öffnen der ersten vier apokalyptischen Siegel wird dieser Vorgang imaginativ bildhaft dargestellt:

„Und ich sah: Das Lamm öffnete eines der sieben Siegel, und ich hörte eines der vier Tiere mit Donnerstimme sprechen: Komm! Und ich sah: Siehe, ein weißes Pferd, und sein Reiter hielt einen Bogen in der Hand, und es wurde ihm eine Krone auf das Haupt gesetzt; als Sieger zog er aus zu weiteren Siegen.

Und als es das zweite Siegel öffnete, hörte ich das zweite Tier sprechen: Komm! Und es kam hervor ein zweites Pferd, von feuerroter Farbe. Und seinem Reiter wurde die Macht gegeben, den Frieden von der Erde zu nehmen, so dass ein gegenseitiges Gemetzel ausbrach. Ein großes Schwert wurde ihm übergeben.

Und als es das dritte Siegel öffnete, hörte ich das dritte Tier sprechen: Komm! Und ich sah: Siehe, ein schwarzes Pferd, und sein Reiter hielt eine Waage in der Hand. Und ich hörte eine Stimme inmitten der vier Tiere sprechen: Ein Maß Weizen für einen Denar, drei Maß Gerste für einen Denar. Dem Öl jedoch und dem Wein sollst du keinen Schaden zufügen.

Und als es das vierte Siegel öffnete, hörte ich die Stimme des vierten Tieres sprechen: Komm! Und ich sah: Siehe, ein fahles Pferd, und der Name seines Reiters hieß: der Tod und das Reich der Toten ist sein Gefolge. Ihnen ist Vollmacht gegeben über ein Viertel der Erde; sie dürfen töten mit dem Schwert, durch Hunger und Tod und durch die Tiere der Erde." [85]

In dem Buch „Apokalypse" von E. Bock heißt es zusätzlich beim vierten Siegel: *„Aus dem vierten Siegel springt das fahle Pferd hervor [...], seine Farbe ist gelblich-grünlich-schwefelartig. Der auf dem Pferde sitzt heißt der Tod. Der Hades, die Unterwelt der Gespenster, folgt dem Reiter nach."* [86] Und bei M. Luther heißt es: *„Siehe, ein fahles Pferd. Und der darauf saß, des Name hieß der Tod und die Hölle folgte ihm nach."* [87]

Diese Entwicklung ist zeitlich in den Jahrhunderten nach Golgatha anzusiedeln. R.Steiner wies in den Vorträgen zur Apokalypse des Johannes[88] vor den Priestern der Christengemeinschaft darauf hin, dass das Öffnen der sieben Siegel ein Geschehen in der 6. Kulturepoche sein wird, aber dass dieses Geschehen schon keimhaft in dem kleinen Zeitfenster von Golgatha bis zu den Kreuzzügen vorweggenommen wird.

In den ersten vier Siegeln erscheint jedes Mal ein Reiter mit einem Pferd. *„In älteren bildhaft-erlebenden Weltanschauungen sah man im Pferde das Bild der Stufe, auf welcher dem Menschen die Intelligenz, die Gedankenkraft einverleibt worden ist. In der Pferdegestalt ist in die äußere physische Bildhaftigkeit hineinplastiziert, was im Menschen rein innerlich zur Denkfähigkeit geworden ist."* [89] Viele Redewendungen weisen darauf hin: einen Pferdeverstand haben, sich vergaloppieren, auf hohem Roß sitzen, ein Gedankenritt, der Gaul ist mit ihm durchgegangen, fest im Sattel sitzen usw. *„Der Verstand ist das Roß, das der Mensch am Zügel hält."* (Platon)

Im Öffnen des ersten Siegels erscheint das weiße Pferd. Hier ist das Denken noch ganz vom göttlichen Licht erhellt, ganz mit dem Geistigen verbunden. Pfeil und Bogen zeigen die Zielsicherheit auf, die diesem Denken innewohnt.

Beim Öffnen des zweiten Siegels kommt das rote Pferd. Das Denken verbindet sich nun stärker mit dem Eigensein des Menschen, es wird zu seinem Eigentum, in Verbindung mit seinem egoistischen, ans rote Blut gebundenen Willen. Dadurch wird das Denken aus seinem göttlichen Zusammenhang gelöst, der Mensch geht in Richtung der Vereinzelung. Das Sichlosreißen vom geistigen Zusammenhang führt zum Verlust der ursprünglichen Harmonie. Der Egoismus wächst und es entsteht Zwist und Streit unter den Menschen. Dieser Reiter mit dem Schwert bringt Unfrieden und Krieg.

Das Öffnen des dritten Siegels bringt das schwarze Pferd hervor: das Denken ist nun ganz in den Todeskräften angekommen, im völlig abstrakten, intellektuellen Denken, das eine lähmende, abtötende Wirkung auf die Lebenskräfte zeigt. Der Reiter hat die Waage in der Hand, der Mensch droht die Welt nur noch nach Maß, Zahl und Gewicht zu beurteilen.

Mit dem Öffnen des vierten Siegels geht diese Entwicklung noch einen Schritt weiter: Das fahle Pferd erscheint. Sein Reiter heißt der Tod und in seinem Gefolge sind die Unterwelt und die dämonischen Heere der Hölle. Angekommen in einem Denken, das sich nicht mehr am Geistigen orientiert, zeigt sich der Tod, die Leere, die Zusammenhangs- und Sinnlosigkeit. Diese Leere zieht dämonische Wesen an. *„Wo keine Götter sind, walten Gespenster".*[90] Die moderne Form der Besessenheit entsteht, wie sie im aktuellen Zeitgeschehen zunehmend wahrzunehmen ist. Die Imagination der vier apokalyptischen Reiter und Pferde offenbart den gewaltigen Abstieg, den die kosmische Intelligenz in die Vermenschlichung und weiter bis in untermenschliche und untersinnliche Dämonien hinein durchmacht.

Dieser Abstieg der Menschheit zeigt sich als notwendiger, zur Freiheit führender Prozess und erfüllt nur dann seinen Sinn, wenn der Mensch mit der gewonnenen Freiheit sich die verlorenen geistigen Höhen zurückerobert. Es gilt das *„weiße Pferd"* durch das eigene, freie Bemühen und Streben neu zu erreichen.

Und dies offenbart uns urbildlich für unsere moderne Zeit der Parzivalweg:

Parzival wächst im paradiesischen Soltane auf. Die Mutter möchte nicht, dass ihn das gleiche Schicksal wie seinen Vater trifft, der im Kampfe hinterlistig getötet wurde. Parzival wird nur von paradiesischer Harmonie umgeben und dennoch kann er nicht vor dem Denken seiner Zeit bewahrt werden. Parzival schiesst mit seinem Gabilot immer wieder Vögel und danach weint er und es tut ihm jedes Mal leid. In *„Parsifal"* schiesst er sogar noch einen Schwan, als er zum ersten Mal in das Gralsgebiet kommt. Dieses Schiessen stellt bildhaft die Stufe des neuzeitlichen Intellektes dar: treffsichere Gedanken, die auch töten können. Bei dem später hinzutretenden Speer ist das Bild der stechenden Kritik gegeben. Parzival ist der erste Vertreter der Bewusstseinsseele, d.h. auch die mit der Bewusstseinsseele freiwerdende Kraft des Intellektes gehört zu ihm, eine Kraft die zerstörerisch wirken und töten kann.

Als Parzival eines Tages in Soltane Ritter begegnen, ist der nun ganz hervortretende innere Impuls nicht mehr zu halten. Er will Ritter werden. Die Mutter, wissend, dass er nun diesen Weg gehen und das paradiesische Soltane verlassen muss, gibt ihm ein *„altes Pferd"*, d.h. ein Pferd, das schon stärker von Todeskräften durchzogen ist. Hier scheint das schwarze Pferd der Apokalypse durch. Zugleich erhält er Narrenkleider. Der Mensch in der materialistischen Tumpheit, mit einem toten Denken, ist ein Narr gegenüber der geistigen Welt.

Zielstrebig ergreift er seinen Weg und wird durch den Kampf mit Ither zum roten Ritter. Das Denken wird nun mit dem Willen durchdrungen. Der Wiederaufstieg der Intelligenz ist nur mit enormer Willenskraft möglich, eine michaelische Zeitaufgabe:

„Michael geht die Wege wieder aufwärts, welche die Menschheit abwärts auf den Stufen der Geistesentwicklung bis zur Intelligenz-betätigung gegangen ist. Nur wird Michael den Willen aufwärts die Bahnen führen, welche die (alte) Weisheit bis zu ihrer letzten Stufe, der Intelligenz, abwärts gegangen ist".[91]

Der moderne Einweihungsweg ist ein Willensweg.

Der weitere Weg Parzivals zeigt sich nun im Zusammenhang mit Kunneware. Als er mit dem alten Pferd und im Narrenkleid den Hof des König Artus erreicht, bricht Kunneware in ein heftiges Lachen aus – sie, die erst wieder lachen wollte, wenn der erscheint, der zu Höchstem berufen ist.

Sie nimmt hellsichtig wahr, dass dies Parzival ist. Keye, dies nicht verstehen könnend und ihr Verhalten als unwahr erlebend, züchtigt Kunneware mit Schlägen. Parzival, dies wahrnehmend, will Kunneware sogleich helfen und auf Keye schießen, aber die zusammengekommene Menschenmenge hält ihn davon ab. Auf seinem weiteren Weg führt er viele Kämpfe durch und allen unterlegenen Rittern schenkt er das Leben, sie aber verpflichtend, sich zum Hof des König Artus aufzumachen, um dort Kunneware zu dienen. Diese ausgleichende, heilende Tätigkeit auf der Schicksalsebene lässt ihn zum weißen Ritter werden: *„Durch Kunneware wurde er zum weißen Ritter."* [92] Das Denken, in seiner ganz empathischen und überschauenden Bewegung - durch Mitleid wissend, wird von Selbstlosigkeit bestimmt und fügt sich frei und ganz den geistigen Gesetzmäßigkeiten wieder ein. Erst wenn wir die Tatenfolgen unseres Tuns für andere in unser Bewusstsein aufnehmen, beginnt das Schicksals-Ich, unser höheres Ich aufzustrahlen und die Stufe des weißen Ritters ist erreicht, die Intelligenz spiritualisiert. Und als Parzival auf dem Weg zur Trevrizent-Höhle, in der er die Einweihung in das Gralsgeschehen erfährt, sein Pferd im Kampf verliert und ein Gralspferd erlangt, ist die Stufe des durchchristeten Denkens verwirklicht. Parzival geht entschieden und urbildlich den Weg von der Stufe des neuzeitlichen, toten Denkens bis zu einem Denken, das wieder ganz mit dem Geistigen verbunden ist.

Wird dieser Parzivalweg vom modernen Menschen aber nicht gegangen, nicht ergriffen, dann bleibt die Entwicklung nicht beim schwarzen Pferd stehen: Der Abstieg des Denkens vollzieht sich dann weiter zum „fahlen" Pferd, zur modernen Besessenheit. Ahrimanische Wesen besetzen und verdunkeln das Bewusstsein des Menschen und verhindern, dass der Mensch die Wissenschaft vom Gral, die moderne Geisteswissenschaft, ergreift. Das Verfinstern der menschlichen Erkenntnisimpulse geschieht vor allem seit dem letzten Drittel des 19. Jahrhunderts. Die Zerstörungskräfte moderner Technik und Medientechnik sind auf dieses Phänomen zurückzuführen. Eine neue, aus dem freien, schöpferischen Geist des Menschen hervorgehende Technik, ist bisher erst sehr anfänglich entwickelt.

Parzival geht den Weg aufwärts über das rote zum weißen Pferd. Dies ist das Bild des weißen Pferdes wie es in der Apokalypse aufs Neue erscheint: *„Und ich sah den Himmel aufgetan und siehe, ein weißes Pferd. Und der darauf saß, hieß Glauben und Wahrheit."* [93] Parzival ist durch den Gotteszweifel des modernen Menschen hindurchgegangen und findet zu einer neuen, bewussten Glaubenskraft. Dies vollendet sich in der Trevrizent-Höhle, im Einweihungsgespräch mit Trevrizent. Und Parzival , er ist *„ohne Falsch"*. Er ist der *„Falschheitsfäller"*, der ganz in und aus der Wahrheit wirkt.[94]

„Und der darauf saß, hieß Glauben und Wahrheit."

5. Die Zügel loslassen

Die Kämpfe Parzivals werden stets bis zum Äußersten gefochten, unter Aufbietung aller zur Verfügung stehender Kräfte. Parzival entwickelt die volle Ich-Präsenz und - Kraft im Kampf. Und dann? Nach dem Kampf lässt er die *„Zügel los"*, d.h. er gibt der geistigen Welt, seinem höheren Ich die Möglichkeit, die *„Zügel"* zu übernehmen. Und wohin führt es ihn?

Beim ersten Mal gelangt er in ein Gebiet, wo es *„keine Wegkreuze, Strauchzäune und Wagengeleise"* gibt. Er muss *„mitten durch die Einöde"*, *„auf ungebahnten Wegen ritt er, wo kein Wegerich gedieh. Tal und Berg waren ihm fremd"* [95], bis er am Abend zu einer Hängebrücke kam. Im Überschreiten des Flusses (des Abgrundes) gelangt er zu Kondwiramur, der edlen Jungfrau, *„ohne Falsch"*, welche die *„edle Minne"* pflegt. Hier wird ein Weg ins Nichtsinnliche, eine Schwellenüberschreitung beschrieben, in den Bereich der reinen Liebe.

Beim zweiten *„Zügel Loslassen"* ist er *„an jenem Tage so weit geritten – ein Vogel hätte Mühe gehabt, die Strecke zu erfliegen."* [96] und erreicht am Abend einen See, wo ein reicher Fischer, dessen Hut mit Pfauenfedern geschmückt war, auf ihn wartet. Mit ihm setzt er über und gelangt an Michaeli zum ersten Mal in die Gralsburg. Auch hier geschieht eine Schwellenüberschreitung, zur *„Nacht"*, in den Geistbereich.

Im Parsifal geleitet Gurnemanz Parsifal in die Gralsburg und die folgenden Worte geben das Überschreiten der Schwelle wieder:
Parsifal: *„Ich schreite kaum, doch wähn ich mich schon weit."*
Gurnemanz: *„Du siehst mein Sohn, zum Raum wird hier die Zeit."*
Diese Worte zeigen, was auch in jeder Nahtoderfahrung sich offenbart: Im ersten Schritt der Schwellenüberschreitung, der Lockerung des Lebenskräfteorganismus vom physischen Leib, liegt

plötzlich das in der Zeit verlaufende Leben als Bildertableau wie im Raum ausgebreitet vor einem da.

Das dritte *„Zügel Loslassen"* findet seinen Ausdruck in den Worten: *„Nun laufe so Gott will."* [97] und er gelangt am Karfreitag zu dem Einsiedler Trevrizent, wo er die Einweihung in das Geheimnis des Grales erfährt. Dies schafft die Voraussetzung für das erneute Finden der Gralsburg und das Gralskönig werden.

Das *„Zügel Loslassen"* führt bei allen Ereignissen zu einer vertieften geistigen Erfahrung.

Gehen wir noch einmal zurück zum kämpfenden Parzival: das Gralsschwert ist Bild für die Sprache und das Pferd für das Denken. Und der Reiter? Er ist das Bild für das Ich!

Der kämpfende Parzival, der Pfleger der Bewusstseinsseele, ist das Bild für die intensive, gesteigerte Ich-, Denk- und Sprachkraft. Was geschieht nach intensivem Kampf, im *„Zügel Loslassen"*? Es bleibt die innere Aktivität, ohne dass diese weiter nach außen geführt wird. Diese zurückgehaltene Kraft, in hoher innerer Bewegung, wird nun wahrnehmend. Die zuvor nach außen durchgeführte Aktivität, wird nunmehr nur innerlich gebildet bzw. ätherisch ausgeführt und im Sprach-, Denk- und Ich-Bereich zur aktiv aufnehmenden Wahrnehmung des Sprach-, Denk- und Ichsinnes. Die oberen Sinne (Hör-, Sprach-, Denk-, Ichsinn), zeigen eine tiefe moralische Qualität.

Bei den unteren Sinnen (Tast-, Lebens-, Bewegungs- und Gleichgewichtssinn) gestalten wir auch zugleich den Inhalt, den wir wahrnehmen, z.B. wenn wir uns bewegen. Bei den mittleren Sinnen (Seh-, Geruch-, Geschmack- und Wärmesinn) tritt z.B. beim Sehsinn das Phänomen des Nachbildes auf, zur wahrgenommenen Farbe wird innerlich die Komplementärfarbe erzeugt. Nur bei den oberen Sinnen darf an dem Wahrgenommenen nichts verändert werden. Es muss das Wahrgenommene jungfräulich, in reiner

Form aufgenommen werden, als *„reiner Tor"*, damit sich das andere Wesen ganz rein aussprechen kann. Die Wahrnehmung des Anderen ist nur aus den Kräften des Moralischen möglich:

„Der Christus hat gesagt: „Was ihr einem der geringsten meiner Brüder tut, das habt ihr mir getan." Der Christus hört nicht auf, immer wieder und wieder sich den Menschen zu offenbaren, bis ans Ende der Erdentage. Und so spricht er heute zu denjenigen, die ihn hören wollen: Was einer der geringsten eurer Brüder denkt, das habt ihr so anzusehen, dass ich in ihm denke, und dass ich mit euch fühle, indem ihr des anderen Gedanken an euren Gedanken abmesset, soziales Interesse habt für dasjenige, was in der anderen Seele vorgeht. Was ihr findet als Meinung, als Lebensanschauung in einem der geringsten eurer Brüder, darin suchet ihr mich selber. – So spricht in unser Gedankenleben hinein der Christus, der sich gerade auf eine neue Weise - wir nähern uns der Zeit - den Menschen des 20. Jahrhunderts offenbaren will." [98a]

Das Tor zu den oberen Sinnen ist der Hörsinn. Das Zwischen-den-Tönen-hören setzt das Gleichgewicht halten im inneren Raum voraus. Um das geheimnisvolle Innere des anderen Wesens zu betreten, bedarf es der Hilfe der Engel: *„Gleichsam auf den Flügeln der Engel schreiten wir in jenes Innere hinein, das wir als Seele der Dinge erkennen lernen."* [98b] Im Bilde zeigt sich dieses auch in den Oberuferer Weihnachtsspielen: Es ist der Engel, der uns in die imaginativen Bilder hinein- und hinausführt.

Das Sinneserlebnis beim musikalischen Erlebnis ist wesentlich verinnerlichter als bei anderen Sinneserfahrungen. Der Ton wird mit dem ganzen Menschen erlebt. Die Organe für den Sprach-, Denk- und Ichsinn hängen ebenfalls mit dem ganzen Menschen zusammen.

Der Sprachsinn setzt die hohe Erregung des Bewegungsmenschen voraus, bis in die Fingerspitzen aktiviert, ohne sie jedoch äußerlich auszuführen. Dadurch, dass diese hohe Bewegung zurückgehalten, zurückgestaut wird, wird sie Wahrnehmungsorgan für die Sprache.

„Denken Sie, ich mache diese Bewegung (zur Abwehr erhobene Hand). Die Fähigkeit, diese Bewegung zu machen, insofern sie aus meinem ganzen Bewegungsorganismus kommt - denn jede kleinste Bewegung ist nicht bloß in einem Teile lokalisiert, sondern kommt aus dem ganzen Bewegungsorganismus des Menschen -, bewirkt etwas ganz Bestimmtes. Indem ich diese Bewegung nicht mache, mache ich dasjenige, was ich haben muss, damit ich irgend etwas Bestimmtes verstehe, was in Worten ausgedrückt wird durch einen anderen Menschen. Ich verstehe, was der andere sagt, dadurch, dass ich, wenn er spricht, diese Bewegung nicht ausführe, sondern sie unterdrücke, dass ich in mir den Bewegungsorganismus nur gewissermaßen bis in die Fingerspitzen errege, aber zurückhalte die Bewegung, also anhalte, staue. Indem ich dieselbe Bewegung staue, begreife ich etwas, was gesprochen wird." [99]

Die nicht durchgeführte Bewegungsintention, den aktivierten Bewegungsorganismus in Ruhe halten, ist die Grundlage für den Sprachsinn.

Der Sprachforscher William S. Condon fand mit seinen Studien heraus, dass ein sprechender Mensch sich im Mikrobereich, d.h. für das Auge nicht wahrnehmbar, sehr präzise zu seiner Sprache körperlich gebärdet. In einem weiteren Schritt stellte er fest, *„dass der hörende Mensch auf die wahrgenommene Sprache mit eben denselben feinen Bewegungen antwortet, die der Sprecher unbewusst vollführt, ebenfalls vom Kopf bis zu den Füßen, und genau synchron zu den gesprochenen Lauten, mit einer minimalen Zeitverzögerung von 40 bis 50 Millisekunden, die für den Weg vom Mund zum Ohr des anderen benötigt werden. Eine bewusste Reaktion ist da mit Sicherheit auszuschließen."* Condon beschrieb diese erstaunliche Synchronizität von Sprech- und Hörbewegungen mit den Worten: « *Bildlich gesehen ist es, als ob der ganze Körper des Hörers in präziser und fließender Begleitung zur gesprochenen Sprache tanzte*»[100], bzw. Eurythmie ausführt.

Der Denksinn setzt die Aktivierung des Lebenskräfteorganismus voraus. Dieser wird als Reflektor verwandt zur Wahrnehmung der Gedanken des Anderen. Ich beginne stets das Selbstdenken, halte es aber zurück, führe es nicht aus und stelle es zum wahrnehmenden Mitdenken des Denkens des Anderen zur Verfügung. Das angefangene, aber unterdrückte, nur ätherisch ausgeführte Denken lässt die Kraft frei werden, wird zum Auffassungsorgan für das von außen kommende Gedankliche. Man geht ganz den Gedankengang des anderen mit und bestimmt den Gedankenverlauf nicht selber. *„Wahrnehmungsorgan für die Gedanken des anderen ist alles dasjenige, was wir sind, insoferne wir in uns Regsamkeit, Leben verspüren. Wenn sie sich also denken, dass sie in ihrem ganzen Organismus Leben haben und dieses Leben eine Einheit ist ... so ist dieses in ihnen getragene Leben des gesamten Organismus, insofern es sich ausdrückt im Physischen, Organ für die Gedanken, die uns von außen entgegen kommen [...]. Dieses Lebendige in uns, alles das, was in uns physischer Organismus des Lebens ist, das ist Wahrnehmungsorgan für die Gedanken, die der andere uns zuwendet.“* [101]

Der Ichsinn hat sein Organ in einer feinen Substantialität über den ganzen Leib verteilt. Es ist das größte Wahrnehmungsorgan, das wir besitzen. Es gilt die Ich-Kraft in hohem Maße mit Hilfe des Tastsinnes im Leibe anwesend zu verankern, um diese starke, wache Ich-Präsenz zur Wahrnehmung des Du, des Ich des Anderen, zur Verfügung zu stellen. Das eigene Wollen und Erleben des Ich bekleidet sich also zunächst tatkräftig mit Hilfe des Tastsinnes, d.h. den Leib bis zur Hautbegrenzung ausfüllend erleben. Dann gilt es, diese Ichgebundenheit loszulassen, sie nicht mehr zu beachten, um so dem Ich des Anderen zu begegnen. Die Wahrnehmungstiefe hängt von der eigenen Ichkraft ab.

„Dieser Tastsinn ist eigentlich dazu bestimmt, dass wir unser Ich, ganz geistig gefasst geistig ausstrecken durch unseren ganzen Körper. Und die Organe, welche Organe des Tastsinns sind, geben uns eigentlich im inneren Erleben unser Ich-Gefühl, unsere innerliche Ich-Wahrnehmung." [102]

Dies Ich-Erleben wird dann Wahrnehmungsorgan für das andere Ich. *„Was ist das Organ für die Wahrnehmung des anderen Ich?"* Es ist *„das Organ der Ich-Wahrnehmung gewissermaßen so gestaltet, dass sein Ausgangspunkt im Haupte liegt, aber das ganze Gebiet des übrigen Leibes, insofern es vom Haupte abhängig ist, Organ bildet für die Ich-Wahrnehmung des anderen. Wirklich, der ganze Mensch als Wahrnehmungsorgan gefasst, ist Wahrnehmungsorgan für das Ich des andern [...], insofern er ruhig ist, insoferne er die ruhige Menschengestalt ist."* [102]

Wie zeigt sich der Ichsinn im Weiteren?

„Stehen Sie einem Menschen gegenüber, dann verläuft das folgendermaßen: Sie nehmen den Menschen wahr eine kurze Zeit; da macht er auf Sie einen Eindruck. Dieser Eindruck stört Sie im Inneren: Sie fühlen, daß der Mensch, der eigentlich ein gleiches Wesen ist wie Sie, auf Sie einen Eindruck macht wie eine Attacke. Die Folge davon ist, daß Sie sich innerlich wehren, daß Sie sich dieser Attacke widersetzen, daß Sie gegen ihn innerlich aggressiv werden. Sie erlahmen im Aggressiven, das Aggressive hört wieder auf; daher kann er nun auf Sie wieder einen Eindruck machen. Dadurch haben Sie Zeit, Ihre Aggressivkraft wieder zu erhöhen, und Sie führen nun wieder eine Aggression aus [...]. Das ist das Verhältnis, das besteht, wenn ein Mensch dem anderen, das Ich wahrnehmend, gegenübersteht: Hingabe an den Menschen - innerliches Wehren, Sympathie – Antipathie, ...

Aber es ist noch etwas anderes der Fall. Indem die Sympathie sich entwickelt, schlafen Sie in den anderen Menschen hinein; indem die Antipathie sich entwickelt, wachen Sie auf und so weiter. Das ist ein sehr kurz dauerndes Abwechseln zwischen Wachen und Schlafen in Vibrationen, wenn wir dem anderen Menschen gegenüberstehen. Daß es ausgeführt werden kann, verdanken wir dem Organ des Ich-Sinnes. Dieses Organ des Ich-Sinnes ist also so organisiert, daß es nicht in seinem wachenden, sondern in einem schlafenden Willen das Ich des anderen erkundet - und dann rasch diese Erkundung, die schlafend vollzogen wird, in die Erkenntnis hinüberleitet, das heißt, in das Nervensystem hinüberleitet." [103]

Das *„In-den-anderen-Menschen-Hineinschlafen"* ist ein *„Nacht"*-Ereignis, ein Eintreten in die *„Gralsburg"*, in einen ganz und gar moralischen Bereich: Die Würde des Menschen ist unantastbar.- Der Ichsinn zeigt den höchsten Grad des Draußenseins im Felde der Sinnesbetätigung.

„Mein Selbst ist bei all denen, die mir da draußen begegnen, am wenigsten ist es da drinnen." [104] und *„Nur indirekt erlebt der Mensch etwas von seinem Ich, dann, wenn er mit anderen Menschen in Beziehung tritt und sich das Karma abspielt."* [105]

Was ist die Voraussetzung, um sich in den Anderen versetzen zu können?

„Gerade deshalb, weil unser Ich nicht in unserem Bewusstsein ist, sondern außerhalb unseres Bewusstseins ist, wie das Wollen auch, deshalb können wir uns in das Ich des Anderen versetzen." [106]

Welches Mysterium ist mit dem Ichsinn verbunden?

„Der Mensch muss seit Golgatha durch die Initiation durch den anderen Menschen gehen! Seit Golgatha ist ein Hohlraum entstanden: Der Mensch ist ausgelöscht worden in Bezug auf die Wahrnehmung seines Wesens, aber er hat gewonnen, dass er in diesem Hohlraum, wenn er ihn herstellt, das Wesen des Anderen, die Wesenheit des Anderen durch seinen Ichsinn wahrnehmen darf und

damit in Berührung kommt mit demjenigen, was diesen Hohlraum erfüllen möchte.“ [107]

Hier ist auch das Grals- und das Amfortas-Parzival-Mysterium zu suchen.

Die Sprach-, Denk- und Ichaktivität bleibt als hohe Aktivität, wird zurückgehalten, die *„Zügel losgelassen“* und wird nun zum Sprach-, Denk- und Ichsinn. Die volle Kraft des Ich bildet sich zur Schale für das Du und für das Schicksals-Ich, das Christuswesen. Für Parzival spielte die edle Minne eine bedeutsame Rolle. Der Kampf ist letztlich der Kampf um die Wahrheit. Drohte Parzival im Kampf die Kraft zu erlahmen, so waren seine Gedanken zugleich bei Kondwiramur, seiner edlen Minne und es floss ihm wieder neue Kraft zu. *„Die edle Minne ist achtsam und hütet sich vor allem Falsch.“* [108] So ist es auch bei den oberen Sinnen: Das Herz, die *„Minne“*, ist stets dabei. Diese Sinne sind die eigentlichen Sozialsinne. Über diese ereignet sich der Weg, die Brücke zum Du, bildet sich die Frage: *„Oheim, was wirret dir?“* und die Erfahrung des Mitmenschen als geistiges Wesen. Das tiefste Erwachen kann heute am anderen Menschen erfolgen. Die Begegnung von Mensch zu Mensch muss im Bewusstseinsseelen-Zeitalter immer bedeutsamer werden. Finden nicht tagtäglich Auseinandersetzungen und „Kämpfe“ mit anderen Menschen statt? Das Erwachen am anderen Menschen hängt im Weiteren vom „Zügel Loslassen“ ab, so dass sich die Worte Gawans erfüllen: „Aber da ihr miteinander gekämpft habt, kennt ihr euch jetzt umso besser.“

Aber wo steht die Menschheit heute?
Lange Zeit galten bzw. waren nur fünf Sinne erforscht (Tast-, Geruchs-, Geschmacks-, Seh- und Hörsinn). Mittlerweile ist es der Naturwissenschaft durch verfeinerte Untersuchungsmethoden gelungen schon neun Sinne nachzuweisen (zusätzlich entdeckt wurden der Lebens-, der Bewegungs-, der Gleichgewichts- und

der Wärmesinn). Aus den sogenannten unteren Sinnen, welche mitverantwortlich für den Aufbau des Leibes und die Erfassung des Raumes sind (Tast-, Lebens-, Bewegungs- und Gleichgewichtssinn), entwickeln sich auch geometrische und mathematische Fähigkeiten. Mathematik ist verinnerlichte Bewegung. Sie geht aus dem Bewegungs- und dem Gleichgewichtssinn hervor. Rechnen besteht aus rhythmischen Bewegungsvorgängen. Vor allem aus den mathematischen Fähigkeiten hat sich das naturwissenschaftliche Denken und die heutige Technik entwickelt.

Ein Nachweis für die Organe der oberen Sinne im physischen Leib liegt bis heute noch nicht vor. Deshalb haben die drei oberen Sinne die Anerkennung durch die Naturwissenschaft noch nicht erfahren. Jedoch ist man in der Psychiatrie darauf aufmerksam geworden. Es wurden Krankheitsphänomene (Aphasien, Agnosien) festgestellt, welche durch das Fehlen oder die zu schwache Ausbildung dieser Sinne sich zeigen.[109]

Das Ich wird heute noch in der Naturwissenschaft als Epiphänomen des physischen Leibes angesehen. Dies ist ein Ergebnis der Ichsinn-Blindheit und verstärkt bzw. manifestiert diese zugleich. Auf der Gedankenebene herrscht weiterhin sehr stark der materialistische Nominalismus vor: Der Gedanke ist nur ein Name eines Vergänglichen, nicht Ausdruck eines Wesens. Hier offenbart sich die weiterhin anhaltende Denksinn-Blindheit. Und die Sprache? Sie wird weiterhin zum reinen Informationsträger degradiert und verliert so ihre schöpferische Kraft (siehe Johannes-Prolog im Johannes-Evangelium). Hier zeigt sich die weiterhin vorherrschende Sprachsinn-Blindheit.

„Wir wachen noch nicht auf - und das ist das Geheimnis des alltäglichen Lebens - als Mensch am Menschen, am tiefsten Inneren des Menschen. Wir wachen auf am Lichte, wir wachen auf am Ton, wir wachen auf vielleicht an der Sprache, die der andere zu

uns spricht als zugehörig zum Natürlichen am Menschen, wir wa-
chen auf an den Worten, die er von innen nach außen spricht. Wir
wachen nicht auf an dem, was in den Tiefen der Menschenseele
des andern vor sich geht. Wir wachen auf an dem Natürlichen
des andern Menschen, wir wachen in dem gewöhnlichen alltägli-
chen Leben nicht auf an dem Geistig-Seelischen des andern Men-
schen." [110]

Die Sonne des Bewusstseins steht heute zwischen dem Hörsinn
und dem Sprachsinn, d.h. die Entwicklung der oberen Sinne, des
Sprach-, Denk- und Ichsinnes stellt eine enorm wichtige Zukunfts-
aufgabe dar, von der das Wohl und die Zukunft der Menschheit
abhängt.

„Es ist unmöglich, dass die Menschheit aus der Misere heraus-
kommt, wenn sie nicht begreift, dass sich leben ließe mit der Kul-
tur des oberen Menschen, dass sich aber nicht wird leben lassen
mit der Kultur des unteren Menschen. Denn das bloße Verbunden-
sein mit den Sinnen des unteren Menschen führt bei gleichzeitiger
äußerer Machtentfaltung ständig in Sackgassen, wo ein Ausweg
nur durch Katastrophen gesprengt werden kann. Es geht doch dar-
um, ins Seelenleben der Menschen den Keim lebendiger Spirituali-
tät zu legen. Dann gewinnen wir wieder, fundiert auf den Sinnen
des unteren Menschen, den Reichtum, der durch die oberen Sinne
sich erschließt. Es ist eine Erziehung vonnöten, die die Spiritualität
wieder ins Schulzimmer trägt." [111]

Die oberen Sinne sind unmittelbar in der Begegnung herausgefordert. In jeder Begegnung möchte und kann sich heute der *„Gang*
nach Emmaus" [112a] ereignen. Das wahrhafte Ringen in der Frage,
„ohne Falsch", kann bis zur Kommunionserfahrung führen: *„Wo*
zwei in meinem Namen beisammen sind, da bin ich mitten unter
ihnen" [112b] und Heilung sich ereignen.

Wie steht das aktuell erschütternde Zeitgeschehen hiermit in Zusammenhang?

1918 hielt R. Steiner, unmittelbar nach der Katastrophe des 1. Weltkrieges, den Vortrag *„Was tut der Engel in unserem Astralleib?"* [113] Er spricht in diesem Vortrag davon, dass jeder Mensch mit dem Beginn des 20. Jahrhunderts mit drei großen Idealen zur Welt kommt:

1. Es ist dem Menschen möglich, durch das Denken wieder zum Geist zu gelangen.

2. In Zukunft soll jeder Mensch in jedem Menschen ein verborgenes Göttliches sehen und dann wird die Begegnung eine religiöse Handlung, ein Sakrament sein.

3. In Zukunft soll kein Mensch Ruhe haben im Genusse von Glück, wenn andere neben ihm unglücklich sind.

Auch deutet er an, was geschehen wird, wenn diese Ideale nicht ergriffen werden und sozial gestaltend zur Wirksamkeit kommen:

Wird das 1. Ideal nicht gelebt, so wird eine Technik mit gewaltigem Zerstörungspotential entstehen.

Das Nichtergreifen des 2. Ideales wird zu einem ungeheuren Missbrauch der Medizin führen. Wenn die Kräfte des Christus, des Heilands, im Sozialen nicht aufgenommen werden, so wird sich eine materialistische Medizin entwickeln, die sogar egoistisch Krankheiten hervorbringen wird, die das Kranke gesund und das Gesunde krank nennen wird.

Die Folgen eines nicht gelebten 3. Ideales wird zum Missbrauch der Geburtsmysterien, der Empfängnis und der Sexualität führen, wie es z.B. in der pathologischen Gender-Ideologie hervortritt. Die Folgen zeigten sich zunehmend im 20. und 21. Jahrhundert und in einer weiteren Steigerung im aktuellen Zeitgeschehen. Durch die Frage Parzivals *„Oheim, was wirret dir?"* kann sich die Heilung des Amfortas vollziehen, durch den, der *„Lazarus aufer-*

stehen ließ". Der Christus wirkt da helfend herein, wo sich das Menschen-Ich zur Schale und die Menschengemeinschaft zum Gefäß gestaltet, sein Wesen aufzunehmen.

Im Parzivalweg sind alle drei Ideale enthalten:

1. Die Spiritualisierung der Intelligenz
2. Die Frage und das Loslassen der Zügel
3. Zum Gral gilt es, den Bruder mitzunehmen

Wenn der Parzivalweg, in Verbindung mit der Wissenschaft vom Gral, zusehends zum Zivilisationsprinzip wird, kann die Heilkraft entstehen, um die Erschütterungen des Zeitgeschehens heilen zu können.

Die Trevrizent-Höhle befindet sich in der Ermitage bei Arlesheim. Ein Teil der historischen Parzivalereignisse spielte sich im 9. Jahrhundert in der Arlesheimer Gegend ab und in Dornach soll die moderne Wissenschaft vom Gral gepflegt werden.

Nun soll in Arlesheim, in Sichtweite des Goetheanum, ein Quanten-Computer entstehen [114], der in dieser Form und vorgesehenen Funktion weltweit einmalig ist und mit einer unvorstellbaren Rechenleistung. Das „Herz" ist ein Chip und arbeitet in einem Vakuum bei minus 272°. Worum geht es? Der Computer ist vorgesehen für die Revolutionierung des Medizinbereiches zur Erstellung neuer Medikamente, durch Einbeziehung der Erbsubstanz und hat damit das Leben an einem ganz besonders kritischen Punkt zum Ziel.

Die Zeit schreit förmlich danach, dass wir als Menschen wie Parzival zum wirklichen Pfleger der Bewusstseinsseele werden, d.h. ihre eigentliche Aufgabe, die Spiritualisierung der Intelligenz und das Potential, die Heilung des Amfortas zu ergreifen. Nur so können die Wunde des Amfortas und die Gespenster der Vergangenheit überwunden werden.

IV. Das Gralsgeschehen

1. Die Grals-Imagination

Die moderne Geisteswissenschaft weist darauf hin, dass die Gralsimagination die geistige Quelle der Erzählungen vom Heiligen Gral bildet. Sie enthüllt sich dem geistigen Blick auf den Ätherleib, wenn der Mensch schläft. Ich und Astralleib heben sich teilweise beim Einschlafen aus Ätherleib und physischem Leib heraus. Kann der Mensch durch eine geistige Schulung das Bewusstsein bei diesem Vorgang aufrechterhalten, so verwandelt sich vor dem geistigen Blick der zurückgelassene physische Leib in die Paradieses-Imagination, der zurückgelassene Ätherleib in die Grals-Imagimation.

„Die Gralssage ist ein okkultes Erlebnis, das jeder Mensch an jedem Abend neu erleben kann." [115]

Welche Vorgänge enthüllen sich bildhaft in der Grals-Imagination?

„Dasjenige, was mit Bewußtsein den physischen und ätherischen Leib durchdringt, ist draußen; da drinnen gehen jetzt nur sozusagen vegetative Vorgänge vor sich, spielt sich alles ab, was die während des Tages verbrauchten Kräfte wiederum ersetzt. Ja, das nehmen wir wahr, nehmen wahr, wie da aus dem Physischen heraus die Kräfte, die namentlich im Gehirn verbraucht worden sind, ersetzt werden. Aber nicht so, daß wir das Gehirn sehen würden wie der Anatom, sondern wir sehen, wie der Mensch der physischen Welt, dessen wir uns während des Tagwachens für unser Bewußtsein bedienen, wie dieser Mensch - von uns verlassen zwar, aber deutlich zeigend, daß er unser Werkzeug ist - gleichsam verzaubert in einer Burg liegt.

Wie unser Gehirn innerhalb der Schädeldecke wie ein Sinnbild liegt, so erscheint uns unser Menschenwesen auf Erden wie eine verzauberte Wesenheit, in einer Burg lebend. Wir treten unserer Menschenwesenheit entgegen wie einer Wesenheit, die wie gefangen, umschlossen von Felsenmauern ist [...]. Und dann strömen herauf aus dem anderen Organismus die Kräfte, die diesen Menschen unterhalten, der eigentlich in der Schädeldecke drinnen ist wie in einem mächtigen Schlosse. Da strömen die Kräfte herauf. Zunächst strömt diejenige Kraft herauf, die da kommt aus dem im Organismus verbreiteten Werkzeug des astralischen Menschenleibes; es strömt herauf alles das, was erglüht und mächtig den Menschen macht durch die Nervenstränge; das alles strömt zusammen in den irdischen Gehirnmenschen: das erscheint einem als das «mächtige Schwert», das der Mensch sich auf der Erde geschmiedet hat. - Dann dringen herauf die Kräfte des Blutes; diese Kräfte des Blutes - man fühlt allmählich, man lernt erkennen - erscheinen einem als das, was eigentlich den bloß in dem Zauberschloß der Schädeldecke liegenden Gehirnmenschen verwundet: wie die «blutige Lanze» sind die Kräfte, die im Ätherleibe nach dem irdischen Menschen heraufströmen, der in dem Zauberschloß des Gehirns liegt. - Und dann gewinnt man eine Erkenntnis. Diese eine Erkenntnis ist, daß man beobachten kann, was da alles heraufströmen darf nach den edelsten Teilen des Gehirns [...]. Im Gehirn gibt es etwas, wovon der ätherische Leib sogleich alles zurückstößt, was vom tierischen Reiche kommt. Ja, sogar alles das stößt der ätherische Leib zurück von einem Teil des Gehirnes, von einem kleinen edlen Teil des Gehirnes, was vom pflanzlichen Reiche kommt, und nur den mineralischen Extrakt läßt er gelten in einem kleinen edlen Teil des Gehirns; und da bringt er zusammen diesen mineralischen Extrakt mit den edelsten Einstrahlungen durch die Sinnesorgane. Das Edelste des Lichtes, das Edelste des Tones, das Edelste der Wärme berührt sich hier mit den edelsten

Produkten des mineralischen Reiches; denn von der Verbindung der edelsten Sinneseindrücke mit den edelsten mineralischen Produkten nährt sich der edelste Teil des menschlichen Gehirns [...]. Das Gehirn hat auch unedlere Teile, die halten Mahlzeit von alledem, was da heraufströmt und wovon sich eben der Organismus ernährt. Nur der edelste Teil des Gehirns muß von dem schönsten Zusammenfluß von Sinnesempfindungen und dem edelsten, gereinigten mineralischen Extrakt genährt werden. Da lernt man erkennen einen wunderbaren kosmischen Zusammenhang des Menschen mit dem ganzen übrigen Kosmos. Da blickt man sozusagen an eine Stelle des Menschen, wo sich vor einem abspielt, wie das Denken des Menschen durch das Instrument des dem Astralleibe dienenden Nervensystems das Schwert bereitet für die menschliche Stärke auf Erden; da macht man Bekanntschaft mit dem, was alles dem Blut beigemischt ist und was gewissermaßen zur Tötung gerade des Edelsten im Gehirn beiträgt. Und immerdar hält aufrecht dieses Edelste im Gehirn der Zusammenfluß der feinsten Sinnesempfindungen mit den edelsten Produkten des mineralischen Reiches [...]. So ist es, wenn man in seinen eigenen Ätherleib hineindringt, wie wenn man an einem Abgrunde ankommen würde und über diesen Abgrund hinweg in seinem Ätherleibe sehen würde, was der da macht; und das erscheint alles in mächtigen Bildern, die Vorgänge des geistigen Menschen während des Schlafes darstellen [...].

Und die Sage von dem Heiligen Gral kündet uns von jener Wunderspeise, die zubereitet ist aus den feinsten Wirkungen der Sinneseindrücke und aus den feinsten Wirkungen der mineralischen Extrakte, die dazu berufen sind, den edelsten Teil des Menschen zu ernähren sein Leben hindurch, wie er es physisch zubringt auf der Erde; denn durch alles andere würde er getötet. Diese Himmelsspeise ist das, was in dem Heiligen Gral drinnen ist [...]. Das Hinaufdringen in das Gehirn, wo immerdar schwebt der Gral - das

heißt das Gefäß für die edelste Nahrung des durch alles übrige ge-
töteten menschlichen Heros, der in der Burg des Gehirns liegt -,
das alles wird uns dargestellt [...]. Zu den größten Imaginationen,
die man erleben kann, gehört, wenigstens für die Erdenzeit, die
Paradieses- und die Grals-Imagination." [116]

2. Die Gralsburg im Gehirn

Frau Dr. Grete Bockholt, angeregt von diesen Darstellungen Rudolf Steiners, untersuchte die Gralsburg im Gehirn noch weiter bis
ins Physische, bis in die Gehirnbildung hinein. Sie ging von der Fragestellung aus, wo im Gehirn können wir die Stelle finden, den
kleinen edlen Teil, der nur ernährt werden kann von den edelsten
Produkten des mineralischen Reiches, eine Stelle, in der dann dieser feine mineralische Extrakt zusammenfließt mit den edelsten
Einstrahlungen durch die Sinnesorgane? In Wirklichkeit nehmen
wir die Stoffe zum Aufbau unseres Organismus direkt aus dem
Kosmos durch die Sinnesorgane auf. Für unser Nerven-Sinnessys-
tem haben wir hingegen irdische Stoffe nötig und nehmen diese
aus der aufgenommenen Nahrung.

„Schauen wir das Gehirn an, so kann darüber kaum ein Zweifel
sein. Da gibt es einen kleinen Teil inmitten des Gehirns, der in der
Tat eine ganz besondere Lage hat, und dessen Mittelpunktsstel-
lung unverkennbar ist. Es ist der Teil des Gehirns und zwar des Ge-
hirnstammes, von dem man weiß, dass er eigentlich bei der Ge-
burt schon ganz ausgebildet da ist und dann nicht mehr, wie die
meisten anderen Gehirnpartien, noch viel wächst, der Teil, der be-
kannt ist als Vierhügel und Epiphyse oder Zirbeldrüse. Dieser Teil,
der in der Tiefe liegt, fast ganz frei, hat Verbindungen zu allen Sei-
ten hin, und wir können zu ihm hin die Bahnen fast aller Sinnesner-
ven verfolgen.

Dahin führt der Augennerv. Stark und majestätisch ist sein Weg und durchzieht das ganze Gehirn von vorn nach rückwärts. Kraftvoll ist die Kreuzungsgebärde, die zum Chiasma opticorum wird, und von wo aus der Weg in kühnem Schwung aufwärts geht zu den Vierhügeln, wo man wohl eine wichtige Haltestelle vermuten kann, denn von da aus gehen Bahnen zu den Zentren des Seh-Aktes, ganz am hinteren Pol des Grosshirns, hin und her. Auch hier zum Vierhügel strebt von beiden Seiten der Hörnerv, der mit Mühe seinen Weg findet quer durch die unendliche Fülle von Fasern in der Brücke, der seine Kraft dann sammelt zu einer aufsteigenden Schleife bis zum Vierhügel, um von da aus auf geradem Wege zu seinem Endziel, dem Hörzentrum in den Schläfenlappen des Großhirns zu kommen. Er durchläuft das Gehirn quer durch, von links nach rechts und von rechts nach links.

Aufsteigend von unten nach oben geht der Riechnerv im Bogen über den Balken des Gehirns, und man kann wohl vermuten, dass auch seine Fasern bis hin zur Epiphyse gelangen, obwohl dies physisch noch nicht ganz zu beweisen ist.

Wir könnten so die Wege verfolgen, auf denen die Sinneseindrücke von aussen her zu diesem Teil des Gehirns gelangen. Schauen wir nun in das Innere des Menschen hinein, so sehen wir, wie in mächtigen Gefäßen das Blut hinaufströmt zum Gehirn, wie es dann gerade um die beschriebenen Partien des Gehirns herum in die Hohlräume der vier Gehirnventrikel vordringt und da von allen Seiten Vierhügel und Zirbeldrüse eng umschließt. Aber dort bewegt es sich nicht in weiten, starr begrenzten Gefäßen, sondern es entsteht ein Netzwerk von kapillaren Verzweigungen und Verästelungen und Ineinander-Verwobensein, so dass es wohl den Eindruck geben kann von einem feinsten Sieb, durch das nichts Unedles mehr hindurchgehen kann. Alles soll dadurch ferngehalten werden, was nicht zu diesem geschützten Teil des Gehirns hinkommen darf. An dieser Stelle des Gehirns trifft man ja tatsächlich *auch - als an der einzigen im ganzen Großhirn - mineralische Substanz, Kalk- und Magnesiumsalze, die in der Epiphyse bekanntlich in feinen Mengen als sogenannter Gehirnsand vorhanden sind. Hier in der Epiphyse müssen wir also die Stelle suchen, in der zusammenfließen können nur die edelste mineralische Nahrung und das Edelste der Sinneseindrücke. Stellen wir uns nun einmal diese Partie des Gehirns plastisch und lebendig vor Augen, so zeigt sie uns einen ganz wunderbaren Bau. Fast im Mittelpunkt des Gehirns, an der Oberfläche und doch in der Tiefe, ganz und gar verborgen und doch zugänglich, umgeben vom Wasser der vier Gehirnhügel, wachsen da die Vierhügel herauf, und über ihnen steht stark und kraftvoll das Organ, das wir suchten, die Epiphyse. Wahrhaft wie eine feste Burg kann uns dieser Teil des Gehirns erscheinen, von Wällen und Gräben rings umgeben, in Verbindung stehend nach allen Richtungen hin mit der Außenwelt und gleichzeitig auch mit dem Inneren des Menschen. Denn wir finden ja unterhalb der Vierhügel am Boden des vierten Gehirnventrikels dicht zusammengedrängt fast alle Kerne der 12 Gehirnnerven, die aus dem ganzen Organismus her herbeiströmen und sich um diesen Punkt zusammendrängen. Wir werden erinnert durch dies Bild an jenen Weg, den Chrétien de Troyes uns schildert in seiner Gralserzählung [117], wie ihn Parzival gehen muss, um zur Burg des heiligen Gral zu finden. Da beschreibt er:*

> Nun reitet er hinauf, bis er auf der Spitze des Berges war und als er auf dem Gipfel war, schaute er lange vor sich um und sieht nichts außer Himmel und Erde.»Bin ich nun hierhergekommen, um List und Betrug zu suchen, Gott gebe dem schlechtes Leben, der mich hierher geschickt hat, dazu hat er mich doch hergeschickt, dass er mir sagte ich würde ein Haus finden, wenn ich heraufkäme.

Fischer, der du mir das sagtest, zu große Unehrlichkeit begingst du, wenn du es mir im Bösen sagtest.« Da sah er nahe bei sich in einem Tale die Spitze eines Turmes auftauchen; bis nach Beyruth sah man keinen so schönen und stattlichen; viereckig war er, aus grauem Stein, und zwei Türmchen hatte er bei sich; der Saal war vor dem Turm und die Säulenhallen vor dem Saale. Der Junker stieg nach dieser Seite hinunter, und sagte, dass ihn richtig gewiesen hätte, der ihn dahin geschickt; und er preist den Fischer; er nennt ihn nicht mehr Verräter und unehrlich, noch lügnerisch, da er nun eine Herberge gefunden hatte. So ritt er auf das Tor zu, vor dem Tore fand er eine Brücke, die herabgelassen war; über die Brücke ritt er ein und vier Knappen kamen ihm entgegen, zwei von ihnen entwaffneten ihn, der dritte führte sein Pferd und gab ihm Futter und Hafer; der vierte hängte ihm einen frischen und neuen Mantel aus scharlachroter Farbe um; dann führten sie ihn bis vor die Säulenhallen und wisset wohl, bis nach Limoges konnte man keine schöneren als diese finden. <

Diese Beschreibung können wir auch bis in anatomische Einzelheiten des Gehirns hinein auf dem Wege zu den Vierhügeln wiederfinden. Man braucht es nur anschauen, wie man, um dorthin zu gelangen, zunächst hinaufsteigen muss bis zum Gipfel des Kleinhirns, und über einem wölbt sich der ganze Himmel des Großhirns. Mit Mühe muss man suchen, bis man im Tale sehen kann die Epiphyse, die wie ein viereckiger Turm aus der Tiefe hervorragt. Grau ist auch ihre Farbe, und hingelangen kann man auch zu ihr nur über die herabgelassene Brücke, die kleine Lingula, die vom Kleinhirn hinüberführt zu dem Säulensaal der Vierhügel.
So braucht es uns nicht zu wundern, wenn Rudolf Steiner davon spricht, „dass im Gehirn immerdar schwebt der Gral, d.h. das Gefäß für die edelste Nahrung des durch alles übrige getöteten menschlichen Heros, der in der Burg des Gehirns liegt."

Der Gral hat in der Weltgeschichte immer eine große Bedeutung gehabt. Von dort aus bekam der Mensch die kostbarste Nahrung, er bekam die Impulse, die das Edelste in ihm wachriefen zur Mitarbeit am Weltenbau. Und die Gralslegende ist diejenige Erzählung, die gerade vor unsere Seele hinstellt einen wichtigen Punkt in der Weltentwicklung. Wir wissen über diesen Wendepunkt vieles aus den gewaltigen Vorträgen Rudolf Steiners, die er besonders im letzten Jahre seines Wirkens auf dem physischen Plan gehalten hat. Wir wissen durch ihn, dass die in der Welt waltende Weisheit, die ein Sonnengut ist, bis zum Mysterium von Golgatha von dem Menschen als nicht zu ihm persönlich gehörend erlebt wurde, sondern als kosmische Intelligenz, die von Michael verwaltet wurde. Nun stieg der Sonnengeist Christus herab und mit ihm nach und nach in den nächsten Jahrhunderten die Sonnenintelligenz, die auf diese Weise in den Bereich der Menschen kommt und von ihnen aufgenommen werden muss. Das ist der Wendepunkt, wo himmlische Weisheit sich wandelt in irdische Dummheit, Tumpheit, wie es uns in der Gralslegende geschildert wird.

Dann folgt eine Zeit, wo die Menschheit abgeschlossen lebte vom himmlischen Licht und im irdischen Dunkel diese herabgeflossene Weisheit in Eigendenken verwandeln musste. Jetzt aber stehen wir wieder in einem Michaelszeitalter, das von uns fordert, dass diese zu Eigendenken gemachte Sonnenintelligenz von dem Menschen selbst wiederum in die Verwaltung Michaels gestellt wird. Dadurch kann die Möglichkeit geschaffen werden, mit menschlichem Denken Weltgedanken zu erfassen. Das ist das michaelische Denken, das erobert werden muss.

Es ist dadurch zu erobern, dass das Denken herausgehoben wird aus der Passivität, in der es gewöhnlich verläuft, wo es nur ein Aneinanderreihen von Vorstellungen ist, die durch äußere Wahrnehmungen angeregt sind. Entstehen muss aber ein Denken, das die Gedanken von innen heraus, vom Ich des Menschen erfasst. Und *dazu ist das Organ, die Epiphyse, von ganz besonderer Bedeutung. Auch darauf weist Rudolf Steiner in den oben genannten Vorträgen hin mit folgenden Worten:*

«Nur der edelste Teil des Gehirns muss von dem schönsten Zusammenfluss von Sinnesempfindungen und dem edelsten gereinigten mineralischen Extrakt genährt werden. Da lernt man erkennen einen wunderbaren kosmischen Zusammenhang des Menschen mit dem ganzen übrigen Kosmos, da blickt man sozusagen an eine Stelle des Menschen, wo sich vor einem abspielt, wie das Denken des Menschen durch das Instrument des dem Astralleibe dienenden Nervensystems das Schwert bereitet für die menschliche Stärke auf Erden; da macht man Bekanntschaft mit dem, was alles dem Blut beigemischt ist, und was gewissermaßen zur Tötung gerade des Edelsten im Gehirn beiträgt.»[118]

Von dort also muss dies Denken wirken und das Schwert des Denkens, das michaelische Schwert, geschmiedet werden. Es wird die Beschäftigung mit der Gralslegende von Rudolf Steiner angegeben als ein Weg, der uns helfen kann, in das Innere des astralischen Leibes vorzudringen, und es zeigt sich, wie dies fruchtbar werden kann bis in die Anatomie und Physiologie des Gehirns und Nervensystems, des Träger des astralischen Leibes." [119]

Die Geisteswissenschaft weist uns darauf hin, dass die Epiphyse, die Zirbeldrüse, vor der Erdenzeit, in der atlantischen Epoche, noch an der Stelle der heutigen Fontanelle wie eine „wundersame Laterne" hervorragte, ein Empfindungs-, ein Wahrnehmungsorgan, mit dem der Mensch geistig-seelisch hinausschauen und auch andere Seelen damit sehen konnte. Die Wahrnehmungen waren hellseherisch, bildhaft. In der Erdenzeit schrumpfte die Epiphyse zusammen bis die Zirbeldrüse erreicht war. Mit und durch die Zirbeldrüse, ja durch die Gralsburg im Gehirn, tritt der Mensch in Verbindung mit dem göttlichen Selbst in der Welt, mit der Gott-heit.

In Zukunft wird die Zirbeldrüse das Organ für das neue Hellsehen, ein Wahrnehmungsorgan für die ätherische Umwelt mit dem selbständig gewordenen Ätherleib.

Dieser Weg wird heute vorbereitet. Aus dem ergriffenen, selbst gestalteten Denken vermag der Mensch das neue Hellsehen zu entwickeln. Der Anfang der Hellsichtigkeit ist etwas ganz Alltägli-ches: Es gilt die übersinnliche Natur der Begriffe und Ideen zu er-fassen.

Der Buchdruck, zu Beginn des Bewusstseinsseelen-Zeitalters ein-setzend, ermöglichte die materielle Verbreitung der Gedanken-schätze. *„Gelingt die Jugendbewegung - das Jugenderlebnis be-steht in dem Zusammenwachsen mit der Geistigkeit - dann über-winden wir auch die Druckerschwärze."* [120]

V. Der Initiationsweg der Bewusstseinsseele

1. Die Gralsbilder

a) Die Vorbereitung des Bodens

Die Vorbereitung des Bodens für das Gralschristentum geschah durch die Christianisierung Mitteleuropas durch die iro-schottischen Wandermönche. In großer Zahl kamen die keltischen Mönche und Priester ins Frankenreich. In gewisser Weise war König Artus mit seiner Tafelrunde in Wales ein letzter Führer des keltischen Königselementes im Dienste der weißen Loge.[121]
Neigte die römisch-katholische Kirche dazu, die Menschen zum Christentum zu zwingen, so bestand die Grundhaltung der keltischen, iro-schottischen Mönche darin, mit den Menschen zu leben und ihnen bewusst zu machen, wo sie sich auf dem Wege zum Christentum befanden, damit sie den Weg dahin selber finden können. Die durchwanderten Gebiete, in denen sie viele Klöster erbauten, waren v.a. Luxemburg, Eifel, Vogesen, Elsass, Burgund, die Gegend um Arlesheim, das Bodenseegebiet und die Lombardei.
Im 6./7. Jahrhundert war es v.a. Columban der Jüngere, der mit 12 weiteren Brüdern (urchristliche Gemeinschaftsform) seinen Weg durch diese Gebiete bis Bobbio (Oberitalien/Lombardei) verfolgte.
Im 8. Jahrhundert kultivierte der Wandermönch Pirmin die Insel Reichenau. Es entstand dort das für die Zeit vom 9.-11. Jahrhundert bedeutendste Kloster Europas mit der größten Malschule.
Im 8./9. Jahrhundert wird die Hofschule Karl des Großen (747 - 814) auch sehr stark von dem keltisch-iro-schottischen Strom geprägt (v. a. durch Hugo von Tours, Alkuin von York und Waldo von der Reichenau).

Die von den iro-schottischen Mönchen christianisierten Gebiete werden später alles Gebiete, in welchen sich das Gralschristentum, bzw. Persönlichkeiten dieses Stromes ansiedeln (Charibert de Laon und die Tochter Bertrada in Luxemburg und der Eifel; Hugo von Tours im nördlichen Burgund; Schionatulander im südlichen Burgund und der Lombardei; Waldo von der Reichenau auf der Insel Reichenau; Trevrizent in der Ermitage von Arlesheim ...) Was liegt hier vor? Was offenbart sich hier?

Im 7. Jahrhundert übernimmt der keltische Volksgeist eine neue Aufgabe:

„Da haben wir in Europa [...] einen Erzengel, der in den germanischen und vor allem in den keltischen Völkern wirkte, in den Völkern, welche noch zur Zeit, in der das Christentum seinen Anfang nahm, in einem großen Teile von Westeuropa, bis hinein in das heutige Ungarn, durch Süddeutschland und durch die Alpen hindurch, verbreitet waren. Diese Völker hatten als ihren Erzengel den keltischen Volksgeist. Auch weit herauf gegen den Nordosten Europas waren die Völker des keltischen Geistes verbreitet. Sie wurden von einem bedeutenden Erzengel gelenkt, der, bald nachdem der christliche Impuls der Menschheit gegeben worden war, darauf verzichtet hatte, ein Arche, ein Geist der Persönlichkeit zu werden...Daher auch schwanden die keltischen Völker als zusammengeschlossene Völkerschaft dahin, eben weil ihr Erzengel eine besondere Resignation geübt und eine besondere Mission übernommen hatte [...]. Was wurde nun aus diesem Erzengel der keltischen Völker, als er darauf verzichtet hatte, ein Geist der Persönlichkeit zu werden? Da wurde er der inspirierende Geist des esoterischen Christentums, und von seinen Inspirationen gingen insbesondere diejenigen Lehren und Impulse aus, die dem esoterischen Christentum, dem wahrhaften esoterischen Christentum zugrunde liegen. Im Westen Europas war die geheimnisvolle Stätte zu finden

für diejenigen, die in diese Geheimnisse eingeweiht wurden, wo die Inspiration stattfand durch diesen leitenden Geist, der ursprünglich eine bedeutsame Schulung als Erzengel des Keltentums absolviert hatte, der auf den Aufstieg verzichtet und eine andere Mission übernommen hatte, die Mission: Inspirator des esoterischen Christentums zu sein, das fortwirken sollte durch die Geheimnisse des heiligen Gral, fortwirken sollte durch das Rosenkreuzertum." [122]

Parzivals Weg führt erst zum Artushof. Er wird aber kein Artusritter, sondern sein Weg führt weiter zur Gralsburg. In dem Moment, wo Parzival Gralskönig wird, verbindet er den Artusstrom (Westen) mit dem Gralsstrom (Osten). Der Gral, im Bild des „Steines", als tiefste moralische Kraft und Tugend offenbart sich der vollen Ichkraft, die sich zur Schale für den Christus bereitet. Dieser Schritt bedeutet einen Schwellenübergang ins Geistige und setzt die Überwindung des Todes voraus. Man muss den Tod erlitten haben, um das Reich des Grales zu betreten. Die aus der Gralseinweihung hervorgehenden imaginativen Bilder sind dargestellte Mysterienerfahrungen.

b) Die Saat

Zwischen dem 9. - 12. Jahrhundert verbreiteten sich die aus den Gralsmysterien hervorgehenden Bilder über Europa:

> Die Bilder des Parzival-Epos (siehe Kapitel III), die sich im 9. Jahrhundert historisch ereigneten und ab dem 12. Jahrhundert sich als Parzival-Erzählung verbreiteten.

> Die Oberuferer und St. Gallener Weihnachtsspiele entstanden im 10./11. Jahrhundert im Gralsgebiet des Bodenseeraumes[123], und wurden im 16./17. Jahrhundert durch die Haidbauern in das Gebiet um Oberufer gebracht, wo sich die Spiele noch bis ins 19./20. Jahrhundert hielten und von Karl Julius Schröer und Rudolf Steiner vor dem Aussterben bewahrt wurden. In diesen Spielen erfahren tief christliche Inhalte mit Mysteriencharakter ihre dramatische Darstellung. Das Evangelium, griechisch εὐαγγέλιον, heißt übersetzt: Gute Engelsbotschaft. In den Weihnachtsspielen führt der Engel in die Welt der imaginativen Bilder ein und auch wieder hinaus.

Nachfolgend seien einzelne Motive dieser Spiele angesprochen:

*

Das Paradeisspiel:

Mit dem Essen vom Baum der Erkenntnis kommen die Todeskräfte in die Welt.

Der Herr:

„Wirst du di aber do vermessa
on dem verbottna baam z'essa

so sollst des ewigen Todes sterbn
pletzli hernach wohl goar verderbn"

Hier ist der Weg vorgegeben bis zum „schwarzen Pferd" der Apokalypse. Nachdem der Biss in den Apfel erfolgt ist:

„Da wurden seine Augen aufgetan…
und als er aße zu der Stund,
da ward die ganze Welt verwund't."

Der Mensch erlebt sich nun
„gänzli nacked und a bloß"

In seiner letzten Konsequenz hat dies der Bildhauer Auguste Rodin in seinem „Denker" im „Höllentor" dargestellt: Es ist eine Darstellung des intellektuellen Sündenfalles, der dazu führt, dass auch die geistigen Gestalten durch den Denker in seiner bildhauerischen Darstellung in die Erdenschwere gezogen und zu Schatten werden.
Und doch birgt der Biss in den Apfel die Möglichkeit:

„Siach, wie is Adam worden so reich:
Einem Gode is er worden gleich
Er waß das bes und a das guat,
da er sei händ aufhebn tuat
und lebet danach ewiglich"

*

Das Christgeburtsspiel:

Der Sündenfall macht die Christgeburt erforderlich. Aber ist der Mensch bereit sie aufzunehmen?
Die Wirte repräsentieren die Hinderniskräfte in der Seele:

„B'setzt is scho mei logament" und *„I als a wirt von meiner Ge-*
stalt, hab in mein Haus und logament gewalt."

während die Hirten sich offen auf den Weg machen und auf die
Stimme des Engels achtgeben.
Der Hirte Stichl bemerkt die weltgeschichtliche Zeitsituation:

„Die Nacht ist mir zu finster,
i kann nit mehr sehn,
ob ma zu recht oder zu Unrecht
in die Stadt eingehn.
Ei, wo sulln ma olli samt weiter aus?"

Es fehlt die geistige Orientierung, ja die Bewusstseinsverdunke-
lung ist so groß, so dass der Mensch in die Gefahr der moralischen
Verirrung gerät.
Die Hirten nehmen dann das Licht der Christgeburt wahr. Und
nachdem sie ihre Gaben dargebracht haben, bemerkt der Hirte
Gallus:

„Ei, wia is nur dös bewant,
dass er geborn is so unbekannt
und leidt solch Mangel, Frost und Költ
und do regiert die ganze Welt"

Es erscheint zugleich wie ein Vorblick auf unsere Zeit: Das Wesentliche kann sich nur noch in geistigen Katakomben vollziehen.

„Und dabei übertrifft es
allen Menschenverstand"

Der letzte Hirte, der Crispus fragt:

„Is wait dohin?"

Und Gallus antwortet:

„Bis d'hikummst"

Der Weg dahin ist ein ganz individueller.

*

Das Dreikönigsspiel:

Die Heiligen drei Könige, Schüler des Zarathustra, begeben sich durch ihre Sternenerkenntnis auf den Weg zum salomonischen Jesus, der Inkarnation ihres Meisters, des Zarathustra.[124]

Im Dreikönigsspiel wird der Kampf mit dem Antigralsstrom offenbar: Mit Herodes dem Großen (73 – 4 v. Chr.) zeigt sich das Bösewerden der Intelligenz. Er ist gepeinigt von Hass, Angst, Lüge, Egoismus und Macht, besessen von dämonischen Kräften, und ordnet den bethlehemitischen Kindermord an. Die apokalyptische Stufe des *„fahlen Pferdes"* zeigt sich hier.

Seine Enkelin Herodias (15 v. Chr. – 39 n. Chr.) geht nach ihrem Ehebruch eine Beziehung mit dem Halbbruder Herodes Antipas ein. Johannes der Täufer rügt dieses moralische Vergehen und wird dafür in den Kerker geworfen. Ein Tanz Salomes, der Tochter des Herodias, beeindruckt auf einem Fest Herodes Antipas so sehr, dass er ihr einen Wunsch gewährt. Auf Drängen der Herodias wünscht sie das Haupt Johannes des Täufers. Dieses Haupt, auf einer Schale dargebracht, wird zum Bild der Anti-Grals-Schale. Schon Herodes der Große war von diesen teuflisch-dämonischen Kräften besessen. Diese ließen ihn sprechen:

„Dass die weder Weib no Kind erbarm"

in dieser Geistigkeit wurde die mRNA - Impfung entwickelt und verabreicht.[125a]

„Du musst umbringa alle Knäbelein,
die zwajährig und drunter sein"

91

und das gilt hier für die RSV - Impfung (mRNA-basierter Impfstoff v.a. für Neugeborene, Babys und Kleinkinder).[125b]
Hier zeigt sich das Töten der „Kindheitskräfte": Der apokalyptische Drache will das „Kind" verschlingen.

In der Stimme des Hauptmanns heißt es:

„Ist's nit besser, dass dö kloan Kinder sterbn,
als dass ma allisamt mit ihna verderbn"

Klingen hier nicht die Verantwortlichen des aktuellen Zeitgeschehens durch, die – wissend, dass es nie eine Pandemie gab (siehe RKI-Files) – trotzdem die gesundheitsschädigenden Maßnahmen der Masken,Tests, Impfungen, Quarantäne und Social distancing verordneten?! - v.a. für die Kinder, welche für das Ansteckungsgeschehen keine Rolle spielten.

„Aber den neugeborn Kenig han ma nit gefunden"

Diesen haben nur die Heiligen drei Könige gefunden, denen es um die positive Zukunft der Menschheit geht.
Das Dreikönigsspiel ist für unsere Zeit geschrieben und ein gewaltiger Aufruf zu erwachen für die geistige Ebene des Lebens, d.h. das Wirken der Dämonen zu erkennen und sich mit der heilenden Christuskraft zu verbinden.

Im 8. Jahrhundert wurde das Kloster St. Johann in Müstair von Karl dem Großen gestiftet. Hier fand das Antigralsgeschehen, besonders in der mittleren Apsis, eine eindrucksvolle Darstellung.

*

> Gralsmotive in den Märchen:

Wesentliche Märchen der Brüder Grimm - Sammlung sind aus den Rosenkreuzertempeln hervorgegangen. Es ist Charibert de Laon

(690 – 747), der Märchen mit tiefen Gralsmotiven veröffentlicht, und unters Volk bringt. Gingen aus den alten Mysterien die Mythenbilder über ins Volk, so aus den Rosenkreuzertempeln die Gralsmärchen. Es sind v.a. die Dummlings-Märchen, in welchen Elemente des christlichen Einweihungsweges imaginativ dargestellt sind.[126]

Das Märchen „*Flor und Blancheflor*" [127a] von Charibert de Laon stellt den Weg des irdischen Ich, der „Rose", bis hin zur Verbindung mit dem Höheren Ich, der „Lilie" dar.[127b] In der Gestalt des „*Flor*", dem roten Ritter (diese Gestalt inspiriert später die Parzivalgestalt als Roten Ritter)[128], ist nach Rudolf Steiner zugleich eine Inkarnation des Christian Rosenkreuz gegeben.[129] In diesem Märchen „*Flor und Blancheflor*" klingt schon an, was später in der Sage vom Heiligen Gral geschildert ist. Auch tauchen „Flor" und „Blancheflor" als wesenhafte Qualitäten auf dem Schulungsweg des Parzival auf." [129b]

Weitere Gralsmotive tauchen auf in den Märchen:

„Die Jungfrau auf dem Glasberg": das Motiv von der Asche zum Diamant. Die Umwandlung des Kohlenstoffes im Zusammenhang mit dem Gral.

„Aschenhannes": die neun Stockwerke, d.h. der Weg bis zum Geistesmenschen und das Siegel Gottes.

„Meerhäschen": der Saal mit den 12 Fenstern, in Beziehung stehend zur Wundersäule Klingsors

„Von einem, der auszog, das Fürchten zu lernen": das fahrende Bett; siehe Schastelmarveille

„Der goldene Vogel": „mitten hindurch" und „gerade aus" – Motive. Der Fuchs und die Königstochter in Beziehung stehend zu Christus und der christlichen Sophia.

„Das Wasser des Lebens": die Grals-Motive sind hier: durch das

Tal, mitten hindurch, die goldene Straße, das Wasser des Lebens, das Brot des Lebens, das Schwert des Geistes.

Wo ist das Wasser des Lebens zu finden?

Im Mittagsgespräch mit der Samariterin sagt der Christus zu ihr: *„Wüßtest du etwas von der Kraft, die Gott uns gibt, und kenntest du den, der zu dir spricht: gib mir zu trinken, du würdest ihn bitten, und er würde dir das Wasser des Lebens geben"* und *„Jeden, der von diesem Wasser (des Jakobsbrunnens) trinkt, wird von neuem dürsten. Wer aber von dem Wasser trinkt, das Ich ihm gebe, dessen Durst wird für diese Weltenzeit gestillt. Das Wasser, das ich ihm gebe, wird in ihm zu einem Quell des Wassers werden, das in das wahre Leben strömt".*

Die Sphäre des „Wasser des Lebens" ist die Sphäre dessen, aus dessen Munde es hervorgeht wie ein „scharfes, zweischneidiges Schwert", mit einer „Stimme gleich dem Rauschen großer Wasserströme" und der spricht: „Ich bin das Brot des Lebens".

Das Märchen „Das Wasser des Lebens" beginnt wie folgt:

„Es war einmal ein König, der war krank, und niemand glaubte, dass er mit dem Leben davonkäme. Er hatte aber drei Söhne, die waren darüber betrübt, gingen hinunter in den Schlossgarten und weinten. Da begegnete ihnen ein alter Mann, der fragte sie nach ihrem Kummer. Sie sagten ihm, ihr Vater wäre so krank, dass er wohl sterben würde, denn es wollte ihm nichts helfen. Da sprach der Alte: „Ich weiß noch ein Mittel, das ist das Wasser des Lebens; wenn er davon trinkt, so wird er wieder gesund; es ist aber schwer zu finden."

In diesen wenigen Zeilen ist ein Wesensglieder-Geschehen im Märchen angezeigt: Auf der Ich-Ebene zeigt sich die Erkrankung des Königs, d.h. die Führungskraft ist nicht mehr gegeben. Die drei Söhne, in dem Märchen das Bild für die Seelenkräfte Denken, Fühlen und Wollen, offenbaren die seelische Situation: Sie waren betrübt und weinten. Und es folgt der Übergang zur Lebenskräfte-Ebene: Sie gingen hinunter in den Schlossgarten. In dieser Ebene begegnet die Seele einer tiefen Instanz: Die Brüder begegnen dem *„alten Mann"*, der sie auf das *„Wasser des Lebens"* hinweist.

Das Wissen um die Wesensglieder des Menschen fand auch seine malerische Darstellung in alten Kirchenbildern, sowie auch verschiedene Gralsbilder ihre malerische Darstellung in vielen kleinen Kirchen Europas fanden, besonders im Bodenseegebiet, in Graubünden und im Engadin.

> Die Wandbilder der St. Georg-Kirche / Reichenau:

Ein Beispiel soll hier seine Erwähnung finden, die St. Georg Kirche auf der Insel Reichenau (Gralsgebiet des Bodenseeraumes), welche im Hauptaltar die Georgsreliquien mit dem Haupt des St. Georg birgt. Die Entstehung des Langhauses mit den Bildern zu den Wesensgliedern geht auf das Ende des 9. Jahrhunderts zurück, das Jahrhundert des historischen Parzivals, die Krypta mit der Schädel-Reliquie des Heiligen St. Georg aus dem 10. Jahrhundert und die Michaelskapelle mit einem Wiederkunft-Christi-Bild aus dem 11. Jahrhundert. Die Bilder des Langhauses, welche über lange Zeit übertüncht waren, wurden genau im Jahre 1879 wieder freigelegt, in dem Jahr, wo der Erzengel Michael seine Zeitgeistaufgabe übernahm. Sie zeigen ganz offensichtlich ihren tiefen Zusammenhang mit den Wesensgliedern des Menschen. Zum einen tauchen in den Bildern vier architektonische Gebilde als Bilder für das jeweilige Wesensglied auf (Ich: roter, eckiger Turm; Astralleib: rotes Haus; Ätherleib: gelbes Haus; Physischer Leib: roter, runder Turm) und in jedem Bild sind zusätzlich vier farblich verschiedene Horizontalebenen gegeben, die mit den vier Elementen und Wesensgliedern auch in Zusammenhang stehen. Auf jedem Bild ergibt sich so ein vielfältiges, differenziertes Wesensglieder-Geschehen. Die vier Nordbilder zeigen die Heilungen auf den vier Wesensgliederebenen, die Südbilder die Totenauferweckungen und die Entwicklung der höheren Wesensglieder. Im Norden beginnt die Bildfolge mit der „Heilung des Besessenen von Gerasa" (physischer Leib), dann folgt die „Heilung des Wassersüchtigen" (Lebenskräfteleib), die „Stillung des Sturmes" (Astralleib) und die „Heilung des Blindgeborenen" (Ich-Stufe). Von hier geht es durch den Altarbereich. Die Verbindung mit der Christuskraft ermöglicht die Entwicklung der höheren Wesensglieder. Es folgt die „Heilung des Aussätzigen". Die Heimatlosigkeit ist das Grunderlebnis der geistigen Schulung. Dann folgt die „Auferweckung des Jünglings zu Nain" (Geistselbst), die „Heilung der blutflüssigen Frau" und die „Auferweckung der Tochter des Jairus" (Lebensgeist) und die „Auferweckung des Lazarus" (Geistesmensch). Der Gralsweg führt bis zur Entwicklung des Geistesmenschen.

Die Heiligen drei Könige brachten im Bilde von Gold, Weihrauch und Myrrhe die Früchte der ersten drei Kulturepochen zu dem Christkind. Damit diese Früchte durch den Christus zukunftsfähig werden, musste je eine Person als Vertreter dieser Kulturepoche vom Tode auferweckt werden, somit wird auch die Frucht auferstehen.

In der 3. Kulturepoche (Ägyptische Epoche) wusste man auch um die Wesensglieder:

Das Ach (Ich) hatte hier erst der Pharao oder der König voll entwickelt; das Ba (Seele); das Ka (Lebensleib) und der physische Leib, vom Sonnengott geschaffen. Während dieser Epoche befand sich der Mensch auf dem Weg zur Erde, sich vom Geistigen immer mehr abnabelnd. Urbildlich kommt dies darin zum Ausdruck, dass ein Vertreter der 3. Epoche, der Jüngling zu Sais den Schleier der

Isis (der in der Welt lebenden Weisheit) nicht mehr lüften bzw. er nicht mehr fragen durfte. Die gleiche Persönlichkeit inkarnierte sich in der 4. Kulturepoche, in der das Mysterium von Golgatha stattfand, als der Jüngling zu Nain.[130] Dieser wird von dem Christus vom Tode erweckt und damit wird das „Gold", die Weisheit der ägyptischen Kulturepoche zukunftsfähig und wiederbelebt. Die gleiche Persönlichkeit inkarnierte sich in der heutigen 5. Kulturepoche als „Parzival". Jetzt ist das Fragen nach der die Welt durchziehenden Weisheit ein Muss, notwendig für die aufbauende Zukunft der Menschheit.

„Wie stieg herauf, was im alten Ägypten untergetaucht war? So stieg es herauf, dass es sichtbar wurde in jener heiligen Schale, die da bezeichnet wird als der Heilige Gral. - In diesem Aufsteigen des heiligen Gral steht vor uns all das, was nachchristlich Wiedererneuern des alten Mysterienwesens ist." [131]

Was ist, wenn der Parzivalweg nicht aufgegriffen wird? Wenn des Geistes Morgenruf, die Stimme des Genius nicht gehört wird?

„Und ich musste Ihnen sagen, dass gerade der Intellekt der Gegenwart, wo er auf einer höchsten Stufe hervortritt, der Liebe vergisst, dass er die Liebe verliert. Dadurch aber vollzieht sich etwas ganz Besonderes. Wirklich liebevoll eingehen auf das, was als der physische Leib, der Ätherleib, der astralische Leib und das Ich geschildert werden kann, das tut man, wenn man etwas vernimmt von der Stimme des Genius, der unsere Zeit beherrscht, wenn man den guten Willen hat, hinzuhorchen auf die Stimme des Genius in unserer Zeit. Aber kann denn der Mensch der Gegenwart dasjenige, was ausgesprochen wird, wenn man sagt «der Genius unseres Zeitalters», mit jenem tiefen Ernste nehmen, der ihm gebührt? Bleibt es nicht ein abstrakter Wortinhalt für die meisten, wenn man von dem Genius unseres Zeitalters spricht? Denken Sie, wie

weit die Menschen weg sind von der Erfassung eines wirklich geis-
tig Lebendigen, das in unserer Zeit wirkt und webt und lebt, wenn
man von dem Genius unserer Zeit spricht. Aber man darf sagen,
wenn die Menschen auch den Geist verleugnen, sie werden den
Geist nicht los. Der Geist ist unabänderlich mit der Menschheit
verbunden. Nur, wenn die Menschen dem Genius eines Zeitalters
absagen, dann tritt an sie heran der Dämon dieses Zeitalters. Und
als der Intellekt so weit war am Beginne des letzten Drittels des
19. Jahrhunderts, dass er ganz und gar nur dem Mechanismus des
physischen Leibes folgte, selbst automatisch, mechanisch wurde
und damit auf seine höchste Stufe kam, so dass er so gescheit
wurde, wie er selber ist, und so gescheit, wie die anderen sind, als
dieser Intellekt bis zu dem Bilde vordrang, das im Intellekt das Me-
chanische, das Materielle zum Dasein rief, da benahm sich der In-
tellekt so, wie der Mensch sich benimmt, wenn er dem Genius ab-
sagt. Dann fasst ihn der Dämon des Zeitalters.“ [132]

c) Das Aufgehen der Saat

Im 4. Jahrhundert n. Chr. zerstörte Rom die alten Mysterien und gnostischen Schulen. Der Blick auf die Vorgeburtlichkeit verlor sich bis zum 8. Jahrhundert[133] und im 9. Jahrhundert, im Jahre 869 auf dem Konzil von Konstantinopel, wurde durch die römisch-katholische Kirche der Geist abgeschafft. Zugleich war im 8. Jahrhundert das Weltenkarma soweit gereift, dass das Mysterienwissen der europäischen Menschheit neu geoffenbart werden konnte, allerdings noch nicht in gedanklicher, sondern in gefühlsmäßiger, bildhafter Form, nämlich in Märchen, Sagen und Legenden.[134] Charibert de Laon gab seiner Zeit als hoher Eingeweihter wichtige Impulse in imaginativer Form, v.a. die Gralsmärchen, für die Zukunft. Hinzu traten die Weihnachtsspiele, der Parzival-Epos und die gemalten imaginativen Bilder in den kleinen Dorf-Kirchen Europas.

Welche Bedeutung haben diese Bilder, diese Keime, diese Saat für die Entwicklung der modernen Zeit?

Die Pubertät und die Bewusstseinsseele haben eines gemeinsam: die Geburt des Intellektes. Diese Geburt birgt ganz neue Entwicklungsmöglichkeiten, aber auch große Gefahren.

Welche pädagogische Herausforderung stellt sich in der Entwicklung des einzelnen Menschen auf dem Weg zur und in der Pubertät?

„Denn der Mensch muss möglichst so erzogen werden, dass das Intellektuelle, das mit der Geschlechtsreife erwacht, in der eigenen Menschenwesenheit seine Nahrung finden kann. Hat der Mensch vorher durch Nachahmung, auf Autorität hin, in der Bildhaftigkeit einen innerlichen Reichtum aufgenommen, dann wird das, was er so aufgenommen hat, sich intellektualistisch umwandeln lassen, wenn er die Geschlechtsreife erlangt hat. Er wird immer davor stehen, dasjenige jetzt zu denken, was er vorher gewollt und gefühlt

hat. Und dass dieses intellektualistische Denken ja nicht zu früh eintritt, dafür ist eigentlich im Unterricht und in der Erziehung auf das gründlichste zu sorgen. Denn der Mensch kommt nicht zu einem Freiheitserlebnis, wenn man es ihm eintrichtern will, sondern nur dadurch, dass es in ihm selber erwacht. Aber es darf nicht in seelischer Armut erwachen. Wenn der Mensch nichts vorher durch Nachahmung und Nachbildung in sich aufgenommen hat, so dass es heraufgenommen werden kann aus den Seelentiefen in das Denken, dann will der Mensch im geschlechtsreifen Alter im Denken sich entfalten, und die Folge davon ist, dass er, wenn er nichts aufgenommen hat in Nachahmung und Bild, auch nichts findet, woran er sich entfalten kann, gewissermaßen ins Leere greift mit dem Denken. Das gibt ihm Haltlosigkeit, das bringt ihn dazu, in jenem Lebensalter, wo er eigentlich schon in sich bis zu einem gewissen Grade gefestigt sein müsste, sich in allerlei Allotria einzulassen, dies und jenes nachzumachen, sich zu gefallen, nachzuahmen in den Rüpel- und Flegeljahren dasjenige, was ihm gerade gefällt. Meist ist es etwas, was den anderen, die eben auf die Nützlichkeit des Lebens ausgehen, nicht gefällt -, das nachzuahmen, weil er als Kind nicht im richtigen Nachahmen lebendig gehalten worden ist. So sehen wir viele nach der Geschlechtsreife herumlaufen, da oder dorthin sich anlehnend und damit das innere Freiheitserlebnis betäubend. In jedem Lebensalter muss eben durchaus darauf gesehen werden, dass man nicht bloß für dieses Lebensalter erzieht, sondern für das ganze irdische Menschenleben, ja noch darüber hinaus. Denn die schönste Art, zunächst an die unsterbliche Menschenwesenheit heranzukommen, ist die, nun selber zu erfahren nach der Geschlechtsreife, wie dasjenige, was durch Nachahmung in Bildern sich in die Seele ergossen hat, jetzt der Seele selber sich emanzipiert in den Geist herauf, und zu fühlen, wie es übergeht aus dem zeitlichen Wirken in das ewige Wirken, das dann durch Geburt und Tod geht. An diesem Heraufkom-

men desjenigen, was in richtiger Weise durch die Erziehung in die Menschenseele sich ergossen hat, erlebt man die Unsterblichkeit, denn man erlebt vor allen Dingen deutlich durch Erfahrung, dass man etwas war, bevor man in die physische Welt heruntergestiegen ist. Und mit dem, was man war, bevor man in die physische Welt heruntergestiegen ist, verbindet sich das, was auftritt aus dem religiös Nachgeahmten und bildhaft Aufgenommenen; so kommt man heran im Erleben an den Unsterblichkeitskern." [135]

Was der Mensch im vorher aufgenommenen Bilderreichtum und dem mit tiefer religiöser Kraft Nachgeahmten gefühlt und gewollt hat, vermag er nun mit der frei gewordenen Intellekt- und Urteilskraft denkerisch zu erfassen. Nun ermöglicht das Bild den Weg zum Wesen, zu dem, was unsterblich ist. Die Erfahrung eines wirklichen Freiheitserlebnisses und der Unsterblichkeit stellt sich ein. Der Mensch erlebt, dass er etwas war, bevor er in die irdische Welt heruntergestiegen ist.

Und wie ist das im menschheitlichen Entwicklungsgang?
Mit der Gralsbilder-Saat wurde der Boden bereitet dafür, dass die Menschheit erst die Wahrheit in den Bildern tief fühlt und mit Willenskraft durchdringt, was sie im Bewusstseinsseelenzeitalter durch die frei werdende Intellektkraft nun wach denken kann. Dies führt zu einer wirklichen Freiheitserfahrung, dem Ergreifen der Wahrheit und der Blick auf die Vorgeburtlichkeit kann sich wieder öffnen. Die Sensibilität und Offenheit für ein Karmaverständnis ist geschaffen, die Voraussetzung für die „Wissenschaft vom Gral", dem Handwerkszeug für das Ergreifen des Parzivalweges. Dies wurde möglich ab 1879, als Michael seine Aufgabe als Zeitgeist begann, wo es v.a. um die Spiritualisierung der Intelligenz geht. Zugleich geschah der Sturz der Geister der Finsternis in die Seelen der Menschen. Der Mensch ist nun frei, den Parzivalweg mit Hilfe der *„Wissenschaft vom Gral"* zu ergreifen oder es

besteht die Gefahr, dass die Geister der Finsternis das menschliche Bewusstsein vernebeln und verwirren und sich die Phänomene des *„fahlen Pferdes"*, der Anti-Gralskräfte einstellen.

Zu der Aufnahme der imaginativen Wahrbilder kam im 18./19. Jahrhundert der deutsche Idealismus hinzu. Nun hätte sich folgendes ereignen können:

„Süddeutschland hätte werden sollen die neue Gralsburg der neuen Geistesstreiter und die Wiege künftiger Ereignisse. Wohlvorbereitet war der Geistesraum durch all jene Persönlichkeiten, die wir als Goethe, Schiller, Hölderlin, Herder und so weiter kennen. Kaspar Hauser sollte wie um sich herum sammeln alles das, was da lebte in diesem so vorbereiteten Geistesraum." [136]

Dies wurde durch das Verbrechen an Kaspar Hauser verhindert. Dennoch konnte eines nicht verhindert werden:

„Wenn Kaspar Hauser nicht gelebt hätte und gestorben wäre, so wie er es tat, so wäre das Band der geistigen Welt zur Erde vollkommen gerissen." [137]

Kaspar Hauser hat auf diese Weise den Weg des Menschen zur geistigen Welt, den Parzivalweg für die Menschheit aufrechterhalten.

Das Aufgehen der Gralsbilder-Saat führte mit dazu, dass Menschen im beginnenden 20. Jahrhundert zu einem vertieften karmischen Erleben und zu konkreten Rückschauerlebnissen kamen. Im nächsten Kapitel soll nun der Blick auf Persönlichkeiten erfolgen, welche bei der Begründung und dem Aufbau der 1. Waldorfschule mitwirkten und deren inneren Erlebnisse die Verbindung zu den historischen Parzival-Ereignissen deutlich werden lassen.

2) Die karmische Umwandlung des Parzival-Impulses

Das Aufgehen der Gralsbilder-Saat bildet den Boden für die mit der Wissenschaft des Grals kommende Karmaforschung, welche die ahrimanischen Wesen verhindern wollen. Zugleich treten im beginnenden 20. Jahrhundert Persönlichkeiten im Zusammenhang mit der Gründung der ersten Waldorfschule auf, deren bestätigte Rückschau-Erlebnisse in frühere Erdenleben darauf hinweisen, dass diese Persönlichkeiten im 9. Jahrhundert auch im Zusammenhang mit den historischen Parzival-Ereignissen standen. Die Weihnachtstagung der Allgemeinen Anthroposophischen Gesellschaft 1923 war nach Aussagen von Teilnehmern ein gewaltiges geistiges Geschehen, von einer Tiefe und Dichte, so dass einzelne Teilnehmer in dieser Zeit oder bald darauf folgend zu Rückschauerlebnissen kamen, die ihnen Rudolf Steiner als Eingeweihter bestätigte. Im Nachfolgenden soll nur soviel zu den einzelnen Persönlichkeiten biographisch mitgeteilt werden, so dass der oben angedeutete Zusammenhang erlebbar werden kann.

a) Emil Molt (1876 – 1936)

Kurz vor dem neuen Michael-Zeitalter geboren, erlernte Emil Molt den Kaufmannsberuf und begegnete 24-jährig zum ersten mal Rudolf Steiner.[138] Er wurde bald ein esoterischer Schüler Rudolf Steiners. 1906 gründete er die Zigarettenfabrik Waldorf-Astoria. Ein sehr fortschrittlicher Zug dieser Firma war, dass Emil Molt seinen Arbeitern regelmäßig Fortbildungsunterricht während der Arbeitszeit erteilen ließ, damit diese ihr Tun stärker in einen größeren Zusammenhang einordnen und so ihre Arbeit viel bewusster ausführen konnten. Doch eines Tages kamen Arbeiter auf Emil Molt zu und meinten: Diese Fortbildungsstunden sind ja ganz gut, aber sie selber seien schon zu alt. Viel wichtiger wäre es eine neue Schule, eine neue Pädagogik für ihre Kinder zu schaffen.

Emil Molt nahm dieses Anliegen sehr ernst und besprach es mit Rudolf Steiner. Dies führte in der Aufbruchstimmung der Nachkriegszeit des 1. Weltkrieges sehr bald zur Gründung der ersten Waldorfschule. Am 23.4.1919 wurde auf einer Betriebsratsitzung nach einem einleitenden Vortrag Rudolf Steiners den Arbeitern die Schulgründung bekanntgegeben. Die Arbeiter saßen auf Tabaksäcken, ein zukunftsweisendes Bild: eine neue, das Ich des Menschen stärkende Bildung und Schule werden begründet inmitten einer Welt, wo der Schatten des Ich, die Sucht, sich zusehends droht zu verbreiten. Am 25.4.1919 erfolgte das Gründungsgespräch mit Emil Molt, Rudolf Steiner, Herbert Hahn und E.A. Karl Stockmeyer. Emil Molt war zeitlebens befreundet mit Herbert Hahn, Daniel van Bemmelen und Walter Johannes Stein.

Er stellte später Rudolf Steiner seine Rückschauerlebnisse in frühere Leben dar und Rudolf Steiner bestätigte ihm die Richtigkeit dieser Erlebnisse. Emil Molts Inkarnation zuvor war Karl der Große. Eines Tages, die Waldorfschule war schon längere Zeit im Gange, kam er zu Rudolf Steiner und fragte ihn: *„Herr Dr. Steiner, nun habe ich unglaublich viel Initiativkraft und sehr viel Geld in den Aufbau der neuen Schule gesteckt - was ich ja gerne tue -, aber warum sind die Schüler immer so unfreundlich zu mir?"* [139] Rudolf Steiner antwortete: *„Was wollen Sie: Das waren in einem früheren Leben die Sachsen, welche Sie [...] so sehr bekämpft haben, die getötet wurden."*

Karl der Große (742 - 814) gründete als König Volksschulen. Er konnte selber lesen und schreiben, was die meisten Könige seiner Zeit nicht vermochten. Er wollte den Bildungsimpuls in den Dienst des freiwerdenden Denkens stellen. Er führte vor allem den Kampf gegen Völker, die das Denken noch als von außen empfangen bewahren wollten. Über viele Jahre kämpfte er so gegen die Sachsen und den jungen Fürsten Widukind. Der karolingische

Schulimpuls war ein Schulimpuls zur Rettung des Denkens. Der Lehrplan war auf den griechischen sieben Künsten aufgebaut. An seinem Hof gab es eine Hofschule, deren Leitung Alkuin (735 - 804) inne hatte und zu deren Führung auch Hugo von Tours und Waldo von der Reichenau gehörten. Alle diese Persönlichkeiten gehörten dem keltisch-iro-schottischen Strom an.

In Aachen ließ er die Pfalzkapelle (heute Aachener Dom) nach den Maßen des Salomonischen Tempels erbauen. Seine Mutter Bertrada die Jüngere war die Tochter von Charibert de Laon. Den Impuls ihres Vaters griff sie am Hof Karls des Großen auf, pflegte die Gralsmärchen und gab sie als Gegengewicht zum heraufkommenden Intellekt und seinen drohenden zerstörerischen Folgen unters Volk.

Während seines Lebens stand Karl der Große unter dem inspirierenden Einfluss von Titurel, dem Begründer und Erbauer der Gralsburg.[140] Karl der Große hatte seinen Schicksalsumkreis. In der Regel verkörpert sich der Mensch mit den schicksalsmäßig zu ihm gehörenden Persönlichkeiten wieder. Welche Menschen fanden sich im 20. Jahrhundert um Emil Molt ein? Liegt zunächst wie ein Schleier der Unbewusstheit darüber, so leuchten nach und nach einzelne Sterne auf, bis sich der Schicksalsumkreis gleich einem Sternbild, als Sternenschrift offenbart.

b) Rudolf Steiner (1861 -1925)

Der Begründer der modernen Geisteswissenschaft und hohe Eingeweihte Rudolf Steiner lebte im 9. Jahrhundert als Schionatulander[141]. Er war Mitarbeiter am Hof Karls des Großen und dort auch bei dem Treffen Karls des Großen mit Harun al Raschid dabei.

Er begleitete Gachmuret, den Vater Parzivals, auf seinen Abenteuern nach Bagdad. Er überbrachte Herzeloyde auch die Nachricht vom Tode Gachmurets. Seine Aufgabe war es später Parzival auf seinem Weg beizustehen. Er besaß Ländereien in Burgund und der Lombardei und besuchte immer wieder auch die Gebiete um Basel und Arlesheim. In der Ermitage bei Arlesheim hatte er auch Gespräche mit Trevrizent in dessen Höhle. Diese Schionatulander-Inkarnation zeigt eine zurückhaltende Gebärde, für die Zukunft etwas vorbereitend.

Schionatulander fiel in jungen Jahren im Kampf mit Orelius und starb am Fuße der Ermitage zu Arlesheim. Bei Wolfram von Eschenbach kommt Parzival mehrmals zu Sigune, welche den toten Schionatulander im Schoß hielt. Sie inkarniert sich im 20. Jahrhundert als Ita Wegmann, welche intensiv im Bereich der Medizin mit Rudolf Steiner zusammenarbeiten wird.[141]

c) Herbert Hahn (1890 – 1970)

Der sehr sprachbegabte Herbert Hahn lernte früh mehrere Sprachen. Schon 18-jährig begegnete er Rudolf Steiner zum ersten Mal. Er hatte insgesamt drei Gespräche mit ihm. Das dritte Gespräch - er war 25 Jahre alt - war von lebensentscheidender Bedeutung. Rudolf Steiner riet ihm, sich für den Völkerverständigungsimpuls einzusetzen und Sprachlehrer zu werden. Beides griff Herbert Hahn auf: Er war erst Sprachlehrer an einer staatlichen Schule, dann gehörte er dem Gründungskollegium der ersten Waldorfschule an und war auch bei dem Gründungsgespräch am 25.4.1919 dabei. Später veröffentlichte er das dreibändige Werk „Vom Genius Europas", wo er auf die Sprach- und Lebensweisen der europäischen Völker eingeht. Nach dem ersten Weltkrieg suchte Emil Molt einen neuen Mitarbeiter für den Fortbildungsunterricht für seine Arbeiter der Zigarettenfabrik. Herbert Hahn bewarb sich für diese Aufgabe. In seiner Biografie beschreibt er seine erste Begegnung mit Emil Molt. Herbert Hahn musste im Vorraum noch warten, erlebte dann wie Emil Molt mit jemand aus seinem Arbeitszimmer kam, sich von ihm verabschiedete und sich dann ihm zuwandte:

„Nun aber war Emil Molt, der sich mir in dieser köstlichen kleinen Szene eigentlich schon vorgestellt hatte, ganz für die Umgebung da. Sichtlich erfreut horchte er auf, als ihm mein Name genannt wurde, und nahm mich gleich in das Zimmer hinein, aus dem ich ihn eben hatte heraustreten sehen. Ich war zunächst wie geblendet, denn der große, mit schweren blauen Samtmöbeln ausgestattete Raum war ganz in Gold ausgekleidet. Ich kam mir vor wie das arme Schneiderlein, das zum Rätselraten in den Königspalast gekommen war." [142]

Herbert Hahn erlebte in dieser ersten Begegnung, dass Emil Molt ihm nicht fremd war, dass er ihn „schon einmal gesehen" hatte. Und Emil Molt? Obwohl Herbert Hahn für diese Aufgabe keine abgeschlossene Ausbildung vorweisen konnte, hatte Emil Molt sofort vollstes Vertrauen zu ihm. Woher? Er stellte ihn ein und Herbert Hahn wurde schon bald zu seinem „Kultminister".

In der neu begründeten ersten Waldorfschule unterrichtete Herbert Hahn Französisch, Deutsch und Geschichte, sowie den freichristlichen Religionsunterricht, für den er auch die freichristlichen Handlungen einführte. Auch nahm er an zwei Theologenkursen zur Begründung der Christengemeinschaft in Dornach teil. Von 1931 - 1934 war er Lehrer an der von Daniel van Bemmelen – mit dem er befreundet war - begründeten ersten Waldorfschule Hollands. Den holländischen Freunden vertraute er ein Rückschau-Erlebnis an, das aufzeigte, dass er im 9. Jahrhundert als Waldo von der Reichenau lebte. Waldo von der Reichenau (740 - 813/14) wurde, vom Kloster St. Gallen kommend, im Jahre 786 von Karl dem Großen als Abt des Klosters Reichenau bestätigt. Waldo führte das Kloster nach den Regeln von Columban dem Jüngeren. Er wurde der Ratgeber Karls des Großen, sein Freund, sein Beichtvater und der Erzieher seines Sohnes. Er gehörte zum Gralsstrom am Hofe Karls. Immer wenn Karl der Große in den Süden zog, machte er auf der Reichenau Station. Und wenn er Kämpfe durchführte, sandte er die Gefangenen zum Kloster Reichenau. Im Jahre 811 übertrug er Waldo das Kloster von St. Denis bei Paris, in dessen Apsis des Kirchenraumes die ersten gotischen Motive verbaut wurden.

d) Daniel van Bemmelen (1899 – 1982)

Am Ende des Kali Yuga bzw. zu Beginn des neuen lichten Zeitalters wurde Daniel van Bemmelen in Batavia im damaligen Niederländisch-Indien (heute Djakarta / Indonesien) geboren. Daniel erlebte in seiner Kindheit, bedingt durch die beruflichen Erfordernisse seines Vaters, immer wieder einen Wohnortwechsel. Im 18. Lebensjahr wohnte er alleine in Holland und wollte sich für das Studium an der Kunstakademie vorbereiten. Er durchlebte in dieser Zeit herausfordernde Einsamkeiten und machte tiefe spirituelle Erfahrungen:

„Es geschah 1917, gerade als ich auf die Akademie für bildende Künste in Amsterdam gehen wollte. Ich zog nach Amsterdam und mietete mir ein Studentenzimmer. Ich war sehr einsam, meine Familie war in Indien, und in der Stadt hatte ich noch keine Freunde. Nach Den Haag konnte ich auch nicht mehr zurück. Als ich noch dazu nicht gleich an der Akademie angenommen wurde, fühlte ich mich verlassen und sehr unglücklich.
Meine tägliche Beschäftigung bestand aus Zeichnen unter Anleitung eines Privatlehrers zur Vorbereitung auf die Kunstakademie. Außerdem spielte ich viel Klavier und besuchte Konzerte und Theatervorstellungen [...]. In Zeiten der Einsamkeit suchte ich Trost im Lesen des Johannes-Evangeliums. Darin fand ich folgende Regel, die für mich eine große Bedeutung bekam: «Wenn ihr mich liebt,

werdet ihr meine Gebote halten. Und ich werde meinen Vater bitten, und er wird euch einen anderen Tröster senden, der für immer bei euch bleiben soll.» [143] *Während ich das in meinem verzweifelten Zustand tief in mich aufnahm, war es plötzlich so, als säße mir jemand gegenüber und spräche zu mir: «Das sind meine Worte.» Ich sah ihn nicht mit meinen Augen, aber die Wahrnehmung war so intensiv, dass ich hinauslief, um mein Gleichgewicht wieder zu finden. Als ich kurz darauf an den Amsterdamer Grachten entlang ging, hatte ich das Gefühl, als schreite Er neben mir. Wieder zuhause in meinem Zimmer las ich das Kapitel noch einmal und entdeckte, dass der Tröster darin sechsmal genannt wird. Ich wurde nun selbst durch die Gedanken getröstet, die ich aus dem Johannes-Evangelium aufnahm. Das zuvor Erlebte war verschwunden. Doch ein wunderbares Gefühl von Ruhe und Sicherheit erfüllte mich."* [144]

Später wurde er sich bewusst, dass er durch diese tiefe spirituelle Erfahrung wieder zurück ins Leben gerufen wurde. Rudolf Steiner bestätigte ihm in einem Gespräch, dass er damals ein Erlebnis des auferstandenen Christus hatte.

21-jährig hörte er zum ersten Mal einen Vortrag Rudolf Steiners über Pädagogik in Bern. Hier begegnete er auch Emil Molt zum ersten Mal. Familie Molt lud ihn zu sich nach Stuttgart ein. Bei dieser Zusammenkunft hatte Daniel van Bemmelen eine Rückschau in eine mittelalterliche Klostersituation. Intuitiv erlebte er den Impuls Waldorflehrer zu werden und dass dieser Impuls in einem früheren Leben vorbereitet worden war, als Fortsetzung der karolingischen Schulgründungen. 1921 fanden die ersten Begegnungen mit Herbert Hahn und Walter Johannes Stein statt. Mit ihnen und Emil Molt entwickelten sich für Daniel lebenslange Freundschaften. Daniel nahm 1922 am Pädagogischen Jugendkurs teil und gehörte mit Herbert Hahn dem Esoterischen Jugendkreis an.

Er wurde Waldorflehrer und gründete die erste Waldorfschule in Holland. Zudem war er ein begnadeter Maler, der sich malerisch ganz besonders mit dem ersten Goetheanum auseinandersetzte. Nach Rudolf Steiners Tod hatte Daniel dreimal einen Traum, in denen ihm Rudolf Steiner erschien und von ihm Abschied nahm. Er hörte jedesmal die Worte: *„Wir sehen uns 1998 wieder."*

Daniel hätte Walter Johannes Stein noch den 2. Band seines Gralsbuches[145] diktieren sollen. Walter Johannes Stein sagte, dass er diesen brauche, wenn er am Ende des 20. Jahrhunderts wieder da sein werde. Leider kam es nicht mehr dazu. Die Hauptinhalte wären gewesen: über den Gral und den Manichäismus, d.h. über die Überwindung des Bösen.

Daniel van Bemmelen musste sich gegen Ende seines Lebens zwei schweren Operationen unterziehen. Er hatte in den Aufwachphasen Rückschau-Erlebnisse, dass er im 8. Jahrhundert als Bertrada die Jüngere (725 - 783) oder Bertha mit den großen Füßen, der Mutter Karls des Großen und der Tochter von Charibert de Laon, inkarniert gewesen ist. Bertha war stark mit der Abtei Prüm in der Eifel verbunden. Sie kleidete Inhalte der Gralsmysterien in Märchenbilder und bereitete so den Boden für die Geisteswissenschaft im 20. Jahrhundert vor. Rudolf Steiner sagte einmal zu seinen Vortragszuhörern: Sie können die Anthroposophie im jetzigen Leben nur aufnehmen, weil sie in einem vorhergehenden Leben viele Märchen aufgenommen haben.[146]

„Wir sind z.B. in den ersten Jahrhunderten nach Christus durch Erzählungen in den Empfindungen vorbereitet worden. Sonst wären wir nicht vorbereitet, um jetzt die Wahrheit aufzunehmen. Durch die bildliche Form wird die Seele vorbereitet. Darum haben früher die großen Weisen den Menschen Märchen erzählt mit dem großen Ausblick auf die Zukunft. Zuerst wurden den Menschen Bilder gegeben, jetzt erhalten sie die Begriffe, und in der Zukunft haben sie danach praktisch zu handeln." [146b]

Es war das Bemühen Bertradas, dass das Gralschristentum mit der freiwerdenden Intelligenz sich verbindet, so dass dem Intellekt seine zerstörerische Kraft genommen wird.

In dem entsprechenden Märchen der Brüder Grimm taucht sie als *„Die Gänsemagd"* auf.

Daniel van Bemmelen bildete mit Bernard Lievegoed und Herbert Hahn in den dreißiger Jahren des 20. Jahrhunderts Lehrer aus. Nach seiner Pensionierung wurde er von dem Mitarbeiter Ghandis, Major T. Ramachandra, eingeladen, die pädagogischen Ideen Rudolf Steiners nach Indien zu bringen bzw. Kurse in Indien darüber zu geben.

e) Walter Johannes Stein (1891 - 1957)

Walter Johannes Stein kam „aus einem übermächtigen Verlangen zur Erde, den Himmel frühzeitig verlassend" [147]. Auch im weiteren Leben zeigte sich die Qualität des „Tatenschnellen".[147] Als solcher ging er in die Parzivaldichtung von A. Scharfenberg ein. Bei der Geburt hing sein Leben am seidenen Faden. Seine Amme rettete ihm das Leben. Intensive Schwellenerfahrungen zeigten sich wiederholt in seinem Leben.

Im 3. Lebensjahr hat er das Erlebnis der „Doppelnatur der Ich-Erfahrung".

Diese erste Ich-Erfahrung notiert Stein als Erwachsener auf seine Kindheit rückblickend mit genauer Datumangabe: «9.Oktober 1893 Ich-Erlebnis, 2 Jahre 6 Monate 3 Tage.» Ungeheuer exakt und auf den Tag genau erinnert er sich an alle Details:

«In meinem frühesten Erinnerungsbild sehe ich mich mitten auf einer Straße, auf einer bewaldeten Anhöhe stehen, etwas unsicher auf meinen kleinen Füßen, mit der Aufgabe konfrontiert, die Straße allein und ohne fremde Hilfe zu überqueren. Die Frau, die auf mich aufpasst, hat sich hinter einem Baum versteckt. Ich weiß

ganz genau, dass sie dort steht und dass sie nicht meine Mutter ist. Offenbar macht die Kinderfrau ein Experiment, um herauszu-finden, wie unabhängig der kleine Mensch schon geworden ist [...]. So einfach das Ereignis ist, es blieb für mein ganzes Leben von gro-ßer Bedeutung; denn in diesem Augenblick wurde mir zum ersten-mal die Tatsache bewusst, dass ich ein Ich war. Das Gefühl meinen kleinen Körper allein und ohne fremde Hilfe über die Straße führen zu müssen, brachte mir diese Erfahrung zum Bewusstsein. Ich kann mich deutlich daran erinnern, wie verschieden mein Raumer-lebnis von dem eines Erwachsenen war [...]. Ich hatte die deutliche Erfahrung, über die gesamte Umgebung ausgebreitet zu sein. Mein Selbst umfasste die ganze Straßenbreite und auch die be-nachbarten Bäume, auch den Stamm, hinter dem sich meine Erzie-herin versteckt hielt. Ich erinnere mich noch immer an ein Gefühl inneren Entzückens, das mir das Wissen eingab sie bilde sich ein, vor mir verborgen zu sein, während mein Selbst in Wirklichkeit auch über den Raum, in dem sie sich aufhielt, ausgebreitet war. Die Kinderfrau und der Baum lagen gleichermaßen innerhalb mei-ner Selbsterfahrung. Obwohl der kleine Körper dort unten etwas wie Angst verspürte, allein gelassen zu werden, frohlockten das wahre Selbst und das Gefühl «Ich bin ein Ich» über diese Angst. Von nun an stand vor meiner Seele die Doppelnatur der Ich-Erfah-rung." [148]

Den Geist als selbständige Wesenheit erlebt er mehrfach als Kind beim Einschlafvorgang:

„Wenn ich als Kind zwischen Wachen und Schlafen lag, aber noch bei Bewusstsein war, obwohl sich mein ganzes Inneres bereits in Schlafhaltung befand, konnte ich sehen, wie mein Selbst aus mir heraustrat; ich hatte das Gefühl, dass es mich umhüllte, als wäre es ein zweites, kleineres Sternenfirmament [...]: Solche Kindheits-erfahrungen ermöglichten mir später, in diejenigen Vorstellungen

einzudringen, die man sich in alten Zeiten von der Seele machte. Ich konnte im Licht solcher Erfahrungen z.B. die Stelle verstehen, an der Plutarch sagt: «Außer dem Teil der Seele, der in den irdischen Körper getaucht ist, hat der Mensch noch einen anderen und reineren Teil, der außerhalb von ihm wie ein Stern über dem Haupte schwebt. Dieser Teil wird zu Recht Daimon oder Genius genannt; es ist der Genius, der den Menschen führt und dem der Weise willig folgt.» Dieser Stern, der unserem Weg leuchtet, wird von dem Engelwesen, das im ganzen Leben über uns wacht, getragen und behütet. Es handelt sich um ein jedem Okkultisten bekanntes Phänomen [...]. Der Stern ist der Aktivitäts-Brennpunkt, auf den die Kräfte der umgebenden Sphäre hintendieren, von dem aus wir unsere Leibesnatur dauernd be-geistern." [149]

Und sehr bewusst erlebt er eine weitere Schwellen-Erfahrung beim Tode seines Vaters:

„Völlig gefasst stand ich vor meinem Vater da und überblickte den Schauplatz. - In diesem Augenblick wurde mir klar, dass sich der Mensch im Geiste in eine Welt erheben kann, die von ewiger Ruhe erfüllt ist, weit entfernt von den brandenden Wogen von Schmerz und Leidenschaft. Das Erlebnis, das ich als kleines Kind mitten auf der Straße im Wienerwald gehabt hatte, wo ich erkannt hatte: «Ich bin ein Ich» und wo ich meinen ersten unabhängigen Lebensschritt getan hatte, wurde nun wiederholt und weitergeführt. Wiederum erfuhr ich: «Ich bin ein Ich», und mit diesem Ich wurzele ich in der Welt der Wirklichkeit, in der nun auch mein Vater lebt." [150]

Walter Johannes Stein besucht in Wien das Schottengymnasium. Hier war deutlich der iro-schottische Strom spürbar. Auch J. W. v. Goethe und K.J. Schröer waren in Form von großen plastischen Gestalten anwesend. Er, der später Mathematik und Physik studieren wird, blieb einmal wegen schlechten Mathematikleistungen sitzen. Dies hatte zur Folge, dass er in die Klasse kam, in der Eugen Kolisko, der spätere erste Schularzt der Freien Waldorfschule in Stuttgart, Schüler war. Zwischen beiden entwickelte sich eine tiefe Freundschaft. Bei Vincenz Knauer, dem Bibliothekar des Schottengymnasiums, nahm er an Aristoteles-Studien teil. 1911 erfolgt der Schulabschluss.

Walter Johannes Stein beginnt im Herbst 1912 das Studium der Mathematik, Physik und Philosophie. Er entdeckt bei seiner Mutter, welche mittlerweile der theosophischen Gesellschaft angehörte, das Buch von Rudolf Steiner „Die Geheimwissenschaft im Umriss", in dem er auch von der Geisteswissenschaft als der Wissenschaft vom Gral spricht. Sehr kritisch geht er an das Studium dieses Buches heran, stets mit der Fragestellung, ob das Dargestellte dem naturwissenschaftlichen Weltbild standhält. *„Da spricht eine Weltanschauung, die entweder wahr ist, dann muss ich sie mir zu eigen machen, oder sie ist falsch, dann muss ich sie aufs Äußerste bekämpfen."* [151]

Täglich arbeitet er über Wochen bis zu 10 Stunden daran, dieses Werk zu prüfen, bis er als nun 21-Jähriger zu folgendem Ergebnis kommt:

1. Alles, was Rudolf Steiner sagt, ist in sich selbst begründet.

2. Sein Werk ist der Schlüssel zu allen anderen Philosophen und Religionen.

3. Er ist weiter fortgeschritten als die offizielle Wissenschaft. Sein System enthält die Wirklichkeit der Natur.

Wer ist in der Lage, mit 21 Jahren ein solches Urteil fällen zu können?

Nun will er Rudolf Steiner persönlich kennenlernen.

Am 19./20.1.1913 ist es soweit: Rudolf Steiner hielt die Vorträge *«Die übersinnlichen Welten und das Wesen der Menschenseele»* und *«Geisteswissenschaft und Naturwissenschaft»*. Walter Johannes Stein gibt Einblick in sein Gestimmtsein im Zugehen als 21-Jähriger auf den 1. Vortrag:

„Dieser Mann, der Rudolf Steiner heißt, gibt wirkliche Anweisungen zur Entwicklung eines dreigegliederten hellseherischen Bewusstseins. Nun sagt er mir in seinen Büchern, dass er nichts lehre, was er nicht selbst gefunden habe. Also muss er diese Fähigkeiten selbst besitzen; er muss hellsichtig sein. Falls das zutrifft, muss er auch in der Lage sein, meine Gedanken zu lesen; er wird meine jetzigen Gedanken lesen können. Ich kann ihm also Fragen stellen, einfach indem ich sie denke, und er wird sie mir im Verlauf des Vortrages beantworten können." [152]

Die Erlebnisse und Erfahrungen während des Vortrages schildert Walter Johannes Stein wie folgt:

„Ich saß in dem Vortragsaal und beobachtete Rudolf Steiner. Ich hörte ihn reden. Ich fühlte mich wie in meiner wahren Heimat. Seine Stimme war tief warm. Er sprach mit unendlicher Überzeugung, aber er ließ den Zuhörer frei. Während er sprach, schien er dem Leibe enthoben. Das Auge ganz nach innen schauend, schien er zu erblinden. Nur von Zeit zu Zeit kam er wie von unendlichen Tiefen zurück in den Leib, zurück in das Auge, das dann für einen Moment das Auditorium sah. Er sprach mit ausdrucksvollen Gebärden. Seine Hände formten Figuren in die Luft [...]. Wenn er zum Abschluss seiner Gedankenfolgen kam, schrieben seine Hände [...] eine Geste, die ich nie vorher gesehen, die durch sich selbst verständlich war und die sagte: Ja, so ist es. Es blieb diese Geste in meinem Gemüt stehen, und an dieser Geste werde ich diese Seele wiedererkennen nach Tausenden von Jahren [...]. Was ich in diesem ersten Vortrag fühlte, kann ich nur nennen: Ich fühlte es als «Ein-nach-Hause-Kommen». Ich könnte auch sagen: Rudolf Steiner erlebte man wie «Ein-zu-sich-selber-Kommen», aber nicht, wie man schon war, sondern wie man eigentlich erst werden sollte,

vielleicht in unendlichen Zukünften, vielleicht erst am Ende aller Entwicklung. Aber er brachte einen zu sich." [153]

Wie ereignet sich nun die erste Begegnung?

Den Arzt W. Zeylmans van Emmichhoven, etwas verspätet in Dornach ankommend, begrüßte Rudolf Steiner bei der ersten Begegnung mit den Worten: „Da sind sie ja endlich." Zeylmans verwies auf die Zugverspätung. Doch Rudolf Steiner antwortete: *„Das meine ich nicht."*

Und bei W. J. Stein?

Er bekommt in der 1. Begegnung sofort eine Hausaufgabe, als ob diese unmittelbar an eine Zusammenarbeit in früheren Zeiten anknüpfen würde:

„Als die Fragezeit vorüber war, ging ich zu Rudolf Steiner hin und sagte: «Es ist mir klar, wer Sie sind, und ich möchte Ihr Schüler werden.» Rudolf Steiner sagte: «Ich nehme an, dass Sie englisch können?» «Nein», sagte ich. Dennoch fuhr er fort: «Lesen Sie die philosophischen Werke von Berkeley, der die Existenz der Materie in Abrede stellte, und von Locke, der alles auf die Sinne gründete. Schreiben Sie dann eine Erkenntnistheorie für die spirituelle Erkenntnis und vermeiden Sie diese beiden einseitigen Gesichtspunkte. Machen Sie's, wie ich es gemacht habe: Lernen Sie die Fülle der Welt durch Aristoteles, den Erkenntnisakt selbst durch die Philosophie Fichtes kennen.»" [154]

Dies ist der Auftakt eines intensiven, wegweisenden Zusammenwirkens. Im Frühjahr 1914 bespricht W.J. Stein mit R. Steiner die Frage nach einem möglichen Thema für seine Doktorarbeit in Philosophie. Rudolf Steiner gibt ihm folgenden Rat bzw. Auftrag:

"Schaffen Sie eine Erkenntnistheorie der spirituellen Erkenntnis [...]. Im Menschen drinnen sind alle neun Hierarchien. Und wenn man es zu beobachten versteht, so kann man im Menschenbewusstsein forschend die drei Bewusstseine und ihre drei Erkenntnistheorien finden, die die erste, die zweite und die dritte Hierarchie im Menschenbewusstsein entfalten. Das sollen Sie schreiben [...], machen Sie das zum Thema Ihrer Doktorarbeit." [155]

Wer ist Walter Johannes Stein, der im Alter von 23 Jahren eine solche Aufgabe erhält?

Es bricht der 1. Weltkrieg aus. W.J. Stein muss als Soldat in den Krieg. Seine Dissertationsarbeit arbeitet er auf Märschen und in Schützengräben in täglichen Meditationen aus, ohne etwas niederschreiben zu können. Jedesmal, wenn W. J. Stein sich mit den Hierarchien beschäftigte, stellten sich oft bedeutende Ereignisse ein.

In Situationen der Todesnähe sucht er innerlich die Verbindung zu R. Steiner. Sogleich entstand jedes Mal so etwas wie ein Schutzraum um ihn und ihm geschah nichts.

Sein Bruder stirbt im Krieg. Als W.J. Stein aus dem Krieg zurückkommt, schreibt er in 10 Tagen die Dissertation nieder, mit Hilfe seines verstorbenen Bruders.

Er hält dann in Wien Vorträge über Anthroposophie, ist aber in dieser Zeit sehr einsam. In einem Gespräch mit R. Steiner bittet dieser ihn, nach Stuttgart zu kommen. Dort führen sie vor dem 1. Schultag der neu gegründeten ersten Waldorfschule bis nachts um zwei Uhr ein weiteres Gespräch, in dem W.J. Stein seine Zustimmung gibt, Lehrer an der neuen Waldorfschule zu werden. Mathematik, Physik und Philosophie hat er studiert. R. Steiner bittet ihn aber, Geschichte zu unterrichten, beginnend mit dem ersten Schultag. Mit W.J. Stein sind es insgesamt zwölf Lehrer um

R. Steiner - eine urchistliche Gemeinschaftsform, wie sie auch vom iro-schottischen Christentum gepflegt wurde.

Im Jahre 1922 unterrichtet er Geschichte in der damals höchsten Klasse, der 10. Klasse. Als er beginnt, über die Sachsenkriege und ihren Führer Widukind zu sprechen, steht die Klasse unmittelbar auf und folgt stehend und schweigend in feierlicher Stimmung den Darstellungen W.J. Steins bis zum Ende der Stunde. Intuitiv spüren die Schüler, dass dieses Geschehen unmittelbar sie betrifft, als wieder inkarnierte Sachsen.[156]

Im Januar 1923 - zwei Wochen nach dem Goetheanumbrand - hält W. J. Stein in der gleichen Klasse die welthistorisch erste Parzival-Epoche. Am 16.1.1923 hospitiert R. Steiner im Unterricht. Rudolf Grosse, der spätere Leiter der Pädagogischen Sektion am Goetheanum, war Schüler in dieser Klasse. Er berichtet später:

„Das Überzeugende und unnachahmlich Lebendige seines Unterrichtes bestand in einer Darstellungs- und Schilderungstechnik, die so den Stoff behandelte, als ob er selbst mit dabei gewesen wäre!"

Und über die Stunde, in der R. Steiner anwesend war, schildert er folgendes: *„Rudolf Steiner sprach von Rittern, die andere Waffen gebraucht hätten als die Artusritter. Auf seine Frage hin, um welche Waffe es sich da wohl gehandelt habe, entgegnete ein Schüler: «Das ist das Wort, denn man kämpft ja auch mit Worten und nicht nur mit Schwertern.» «Ja, das ist es», sagte R. Steiner, und fing nun an, jene andere Ritterschaft zu schildern, die geistige Waffen ausgebildet habe, unter denen das «Wort» ihr eigentliches Schwert gewesen sei. Das seien die Gralsritter gewesen, die mit dem geistigen «Schwert» gekämpft hätten, über welches Wolfram von Eschenbach uns eine Mitteilung machte. Dieses Schwert habe die Eigenschaft, nach dem ersten Streich zu zerbrechen. Dann müsse man es nachts zur Quelle Lag bringen, es eintauchen und einen besonderen Spruch dazu sagen. So sei es nämlich mit den*

Worten des Geisteskämpfers. Wenn es im Kampf gebraucht worden sei, dann sei es untauglich geworden, es sei entzweigegangen. Man müsse nun zur Geistesquelle zurückkehren und dort das «Wort» wieder empfangen, aber jetzt sei es stärker und schärfer als zuvor, vom Geiste her erneuert. Denn im Physischen werde eine Waffe durch den Gebrauch stumpf, im Geistigen aber erst richtig stark und scharf.

Nach diesem Gralsunterricht durch R. Steiner war vieles in mir anders. Die ganze materialistische Wissenschaftlichkeit einer gymnasialen Schulbildung war mit einem Schlage dahin und an ihrer Stelle ein Organ für die Realität geistiger Imaginationen entstanden. Diese eine Unterrichtsstunde hatte eine das ganze Leben hindurch fortwirkende innere Belehrung, sie versank in den Seelentiefen, sie tauchte aus ihnen wieder auf, aber immer deutlicher von der Zweiheit sprechend, von jener Artusritterschaft, welche nach der Ordnung des Ich die Seelenkräfte bändigt und harmonisiert und von jener anderen, der Gralsritterschaft, die aus der Kraft des Wortes, des Logos heraus eine neue Menschengemeinschaft aufbaut. Das war für mich ein Einblick in die Hintergründe geistiger Strömungen der Geschichte, die als historische zu einer bestimmten Zeit ihren Beginn haben, aber geistig bis in die Zukunft hinein wirken. Ganz im Stillen wurde mir die Situation in jener 11. Klasse zur Sprache des Geistes: Da war eine Schar junger Menschen, die unterbewusst eine Geistesnahrung suchten, unterrichtet von einem Lehrer, der mit den Kräften eines unvergleichlichen Enthusiasmus zum ersten Mal in seinem Leben, gemäss dem Lehrplan und dazu an die Schule berufen, vom Gral zu unterrichten hat, und in der entscheidenden Stunde betritt R. Steiner das Schulzimmer, übernimmt das Wort und enthüllt und führt hin zum Wesen zweier Geistesströmungen. Das alles war so zueinander passend, die Situation innerlich so vorbereitet und reif, dass man, daran erwachend, sa-

gen muss: Da hat Schicksal gewaltet. In einem unvergleichlichen Sinne wurde Geistesführerschaft von uns erlebt." [157]

W.J. Stein sucht nun noch stärker hinter den Schleier der Dichtung zu kommen. Er bildet die Geistsuche Parzivals ab und regt so im Hörer das Organ für die Schicksalserkenntnis an. Am 25.3.1924 tritt bei W. J. Stein während der Sonntagshandlung für die Kinder ein leibfreies Erleben ein. Am 9.5.1924 hört er einen Vortrag R. Steiners über Karmaerkenntnis und befolgt die Übanweisungen. Er beschäftigt sich mit Basilius Valentius und erhält von Rudolf Steiner die „Chymischen Schriften" von Basilius Valentius als Meditationsbuch. Am 27.6.1924 hat W.J. Stein das Rückschau-Erlebnis, dass er in der vorigen Inkarnation als Francesco d'Almeida wirkte. Dieser gehörte dem von den Templern begründeten Christus-Orden an. Am 28.8.2024 erfolgt die historische Identifikation. Francesco d'Almeida hatte in seinem Leben einen intensiven Kontakt zu Basilius Valentius. Zugleich hat W.J. Stein 1924 die unumstößliche Gewissheit, dass er genau in der Mitte seines Lebens sich befindet. Er war 33 Jahre alt. Am 7.7.1957 starb W.J. Stein. Er wusste also 1924 ganz genau, wann er über die Schwelle des Todes gehen wird.

Es folgt eine weitere Rückschau, in das Leben, das dem des Francesco d'Almeida vorausging. W.J. Stein erlebt sich als Hugo von Tours am Hof Karl des Großen, der als Bruder des Amfortas, nach der nicht heilen wollenden Verwundung des Amfortas, sich als der Eremit Trevrizent in die Höhle der Ermitage bei Arlesheim zurückzog, um spirituell helfende Kräfte zu pflegen.
Beide Rückschau-Erlebnisse wurden ihm von R. Steiner bestätigt. Die welthistorisch erste Parzival-Epoche wurde also von Trevrizent gehalten!
Für viele Anthroposophen unterbrach nach R. Steiners Tod die Verbindung zur geistigen Welt. W.J. Stein kann sie aufrechterhal-

ten und selber geistig weiterforschen. Er erkennt die Vorinkarnationen R. Steiners und den karmischen Zusammenhang R. Steiners mit Ita Wegmann. Nach der Beendigung seiner Tätigkeit an der ersten Waldorfschule geht er nach England, arbeitet dort mit D. Dunlop zusammen und pflegt international Kontakte zu Atatürk, Mussolini, dem französischen Botschafter, dem holländischen Prinzenpaar, dem Berater des belgischen Königs, Winston Churchill, M. Gandhi usw. Er übergibt Gandhi die Schrift R. Steiners *„Wie erlangt man Erkenntnisse der höheren Welten?"*. Diese weltumspannende friedensstiftende Tätigkeit zeigte er schon in der Inkarnation des Hugo von Tours, der eine Art Außenminister Karl des Großen war. Mit Waldo von der Reichenau holte er die Heilig-Blut-Reliquien im Auftrag Karl des Großen von Konstantinopel ins Frankenreich. Er brachte seinen Teil nach Niedermünster, zum Kloster Odilienberg gehörend, und Waldo von der Reichenau brachte seinen Teil ins Kloster Reichenau. Die Michaelskapellen der Klosterkirche Niedermünster und der St. Georgskirche auf der Reichenau hatten eine vollkommen identische architektonische Gestaltung.

W.J. Stein wird in England Heilpraktiker, schult viele Ärzte und hilft ihnen im heilend-therapeutischen Prozess durch seine geistigen Forschungen. Er tritt auch energisch als Verteidiger der Anthroposophie auf. Manche Zuhörer erleben dies wie folgt: *„Wenn W.J. Stein sprach, dann hörte man die Schwerter klingen."*

Er hält v.a. gegen Ende seines Lebens zeitweise bis zu 330 Vorträge im Jahr. Sein letzter Vortrag war - wie bei R. Steiner - über *„Lazarus-Johannes"*.

Der Prophet Elias, als er in feurigen Rossen zum Himmel fuhr, hinterließ seinem Schüler Elia seinen „Mantel". Lebt etwas von diesem imaginativen Bild zwischen Rudolf Steiner und W.J. Stein?

Seine geisteswissenschaftliche Arbeit ist verbunden mit dem Miterleben des Schicksals der Toten. Die Verbindung mit den Toten, mit denen er sich besonders verbunden fühlt, ist ihm ein Gralsdienst. Die Vertrautheit mit den Forschungsergebnissen über das nachtodliche Leben gibt ihm die Gewissheit, dass die Individualität R. Steiners 1957 ihre Weltenmitternacht durchschritten hatte und der Inkarnationsentschluss zu dem Zeitpunkt erfolgte, als sich die Weihnachtstagung zum dreiunddreißigsten Male jährte. Am 6.1.1957, ein halbes Jahr vor seinem Tod, schreibt W.J. Stein in sein Tagebuch:

„Dr. Steiner hat nun doch schon seine Weltenmitternacht überschritten und nähert sich wiederum der Erde. Da muss man verstehen, dass sich die Richtung des Wirkens verändert hat [...]. Die dreiunddreißigjährige Gedenkfeier der Weihnachtstagung müssen sie nicht auf der Erde suchen, sondern da, wo er selber weilt: seine Weltenmitternacht. Da wird nun alles erfüllt, was 1923 Same war: Nämlich der Abstieg beginnt. So muss man auch fühlend Wesentliches und Unwesentliches unterscheiden. Das Wesentliche ist in der geistigen Welt [...]. 1957 müssen wir andächtig und ehrfürchtig hinaufschauen in die geistige Welt, die uns rasch näher kommt [...]. So geht alles, wie es vorausverkündet wurde. In Wahrheit ist alles in bester Ordnung. Zur Depression ist kein Grund. Die großen Entscheidungen kommen am Jahrhundertende, und wir werden dabei sein." [158]

Für W. J. Stein war in der Gegenwart des 20./21. Jahrhunderts der zunehmende Entscheidungskampf zwischen den Grals- und den Klingsorkräften erlebbar. Die Entscheidung für die Zukunft der Menschheitsentwicklung steht an.

„Und diejenigen, die heute Anthroposophen sind, im ehrlichen, wahren Sinne Anthroposophen sind, die werden einen starken Drang haben, bald wiederum zur Erde herunterzukommen. Und innerhalb der Michael-Prophetie sieht man voraus, wie zahlreiche

Anthroposophenseelen mit dem Ende des 20. Jahrhunderts wiederum zur Erde kommen, um das, was heute mit starker Kraft als anthroposophische Bewegung begründet werden soll, zur vollen Kulmination zu bringen. Das ist es, was Anthroposophen eigentlich bewegen sollte: Hier stehe ich. Der anthroposophische Impuls ist in mir. Ich erkenne ihn als den Michael-Impuls. Ich warte, indem ich mich für mein Warten stärke durch die rechte anthroposophische Arbeit in der Gegenwart und die kurze Zwischenzeit ausnütze, die gerade den Anthroposophenseelen beschieden ist im 20. Jahrhundert zwischen dem Tode und einer neuen Geburt, um am Ende des 20. Jahrhunderts wiederzukommen und die Bewegung mit einer viel spirituelleren Kraft fortzusetzen. Ich bereite mich für dieses neue Zeitalter vom 20. ins 21. Jahrhundert hinein vor [...], denn viele zerstörende Kräfte sind auf der Erde. In die Dekadenz muss alles Kulturleben, alles Zivilisationsleben der Erde hineingehen, wenn nicht die Spiritualität des Michael-Impulses die Menschen ergreift, wenn nicht die Menschen wiederum imstande sind, dasjenige, was an Zivilisation heute hinabrollen will, wiederum hinaufzuheben. Finden sich solche ehrlichen Anthroposophenseelen, die die Spiritualität in dieser Weise in das Erdenleben hineintragen wollen, dann wird es eine Bewegung nach aufwärts *geben. Finden sich solche Seelen nicht, dann wird die Dekadenz weiterrollen. Der Weltkrieg mit all seinen üblen Beigaben wird nur der Anfang von noch Üblerem sein. Denn es steht heute die Menschheit vor einer großen Eventualität: vor der Eventualität, entweder in den Abgrund hinunterrollen zu sehen alles, was Zivilisation ist, oder es durch Spiritualität hinaufzuheben, fortzuführen im Sinne dessen, was im Michael-Impuls, der vor dem Christus-Impuls steht, gelegen ist.*" [159]

Diese Worte formulierte R. Steiner gegen Ende seines öffentlichen Wirkens.

W. J. Stein erhielt im gleichen Jahr 1924 folgenden Meditations-
spruch von R. Steiner:

„Was das Leben aus seinen Tiefen
auch mir vor den Geist zu stellen
sich aus Weltenschicksalsquellen
sich vorgesetzt hat:
Die mutige Seele findet
den rechten Weg, wenn sie
vertraut dem hellwarmen Ich.“ [160]

3) Das Kulturkarzinom

„Lassen Sie drei Jahrzehnte noch so gelehrt werden, wie an unseren Hochschulen gelehrt wird, lassen Sie noch dreißig Jahre so über soziale Angelegenheiten gedacht werden, wie heute gedacht wird, dann haben Sie nach dreißig Jahren ein verwüstetes Europa." [161]

Dies ist geschehen. Hat sich die Pädagogik seitdem verändert? Die Zahl der freien Schulen inklusiv der Waldorfschulen hat sich erhöht und damit sind wichtige, dem Menschenwesen gerechter werdende Bildungsimpulse, in die Bildungslandschaft eingeflossen. Dennoch wird der Großteil der Schulbildung weiterhin durch die staatlichen Schulen bestimmt. Diese Prägung ist auch in den prüfungsorientierten Oberstufen der Freien Schulen stark vorhanden. Hier werden in der Regel die Gedanken, das Wissen im jungen Menschen angehäuft, ohne dass sie in lebendiger Verbindung mit dem Menschen stehen. Es besteht keine Verbindung zwischen dem, was der junge Mensch aufnimmt und dem eigentlichen Begehrungsvermögen seiner Seele nach Aufnehmen des Geistigen. Diese Pädagogik stellt eine vorherrschend Wissens- und Antwortpädagogik dar, statt Fragen und Suchbewegungen beim jungen Menschen anzuregen. Der zu lernende „Stoff" kann mit einem hineinzustopfenden Nahrungsmittel verglichen werden, für das meist kein Hunger vorliegt. Es wird zum Ballast in der Seele durch eine bulimische Erziehung. Das aufgenommene Wissen bleibt abgesondert vom Menschen, wie „geistig parasitär", „ wie lauter Mistelpflanzen - geistig gedacht -"[162] auf dem lebend, was der Mensch eigentlich an Impulsen in seinem Herzen trägt. Dies bewirkt, dass die an den Menschen herankommende, hereinströmende spirituelle Wahrheit aus Angst zurückgewiesen und so zum Gift wird.

Was ist die tiefere Ursache für diese zivilisatorische Krebs- und Karzinombildung?

In dem Vortrag über *„Die Quellen des Moralisch-Geistigen in der Menschheit"* [162] geht Rudolf Steiner darauf ein, welche Kräfte erforderlich sind, um die Menschengestalt bei einer neuen Inkarnation hervorzubringen. Jeder Mensch nimmt Kräfte mit über die Todesschwelle, so auch in der Seele vorhandene moralische Hass- und Kältekräfte, d.h. Menschenunverständniskräfte mit in die geistige Welt. Bei der folgenden Inkarnation benötigt der Mensch zur Bildung der Knochen und des Blutes solche moralischen Kälte- und Hasskräfte. In den letzten Jahrhunderten sind soviele Hass- und Kältekräfte mit in die geistige Welt getragen worden, so dass nicht alle diese Kräfte zu neuen Leib-Bildungen benötigt wurden. Es blieb ein Rest. Dieser Rest strömte in den zurückliegenden Jahrhunderten bis heute auf die Erde. Hass- und Unverständnis-Kräfte wirken in die Zivilisation und durchsetzen diese mit einem geistigen Karzinom, einer geistigen Geschwürbildung. U.a. sind die beiden Weltkriege mit auf das Aufbrechen dieser geistig verdorbenen, parasitären Zivilisationssubstanz zurückzuführen. Diese Kälte- und Unverständnis-Kräfte sind Ausdruck einer zunehmenden ahrimanischen Durchseuchung der Kultur. Die ahrimanischen bzw. Klingsor-Kräfte können da eingreifen, wo die Amfortas-Seite des modernen Menschen noch nicht umgewandelt ist, wo zu viel Eigeninteresse und Machtbegehren vorhanden sind, d.h. der Mensch noch nicht genügend mit dem Menschheitsinteresse verbunden ist und ein zeitgemäßes moralisch-geistiges Ergreifen der Aufgaben noch aussteht.

Hermann Kükelhaus (1920 - 1943) kam als 17-Jähriger zu einer vergleichbar klaren Zeitdiagnose. Er hielt im Elitegymnasium Stuhm in Ostpreußen vor den nationalsozialistischen Machthabern sein Abiturreferat mit dem selbstgewählten Titel *„Der*

Machthaber und die Masse".[163] Hier stellte er das Phänomen der blinden Macht , die Macht der Tyrannen - die von Hass- und Kälte- bzw. Menschenunverständnis-Kräften geprägt ist - als ein kosmisches Karzinom dar, eine wuchernde Energie, gleich einem Tumor, die menschliche Substanz befallend. Mithin sei das Universum selbst herausgefordert. Mit der Beseitigung der Schuldigen allein sei nichts gewonnen. Nur, wenn der Einzelne sein Verhältnis zum Universum erneuere, entstehe ein wirksames Gegengift. Weder Angriff noch Duldung vermögen etwas gegen die Gewalthaber, nur die geistige Intensität des Heiligen, das Gottesopfer auf Golgatha, bewirke die Umwandlung. Sie zerstrahle das Karzinom.

Der Mensch trägt die Anlage zur Menschenliebe und moralischen Wärme, die Voraussetzung zum tieferen Verständnis des Anderen sind, in sich. Wie kommt es zur Heilung der zivilisatorischen Karzinomerkrankung, einer von Amfortaskräften durchzogenen Kultur? Es ist eine Pädagogik, eine Bildung vonnöten, die wieder ganz an das Menschengemüt, das Menschenherz herankommt, ja die unmittelbar aus dem Gemüt und dem Herzen hervorkommt, d.h. eine pädagogische Kunst, die aus dem kindlichen Gemüt heraus schafft, die ganz in Verbindung mit dem Menschen steht und aus dem Menschen hervorwächst wie seine eigenen Finger, seine eigene Nase. Dann ist die Voraussetzung dafür geschaffen, dass auch das Spirituelle wieder an den Menschen herangebracht werden kann, ohne dass es zum Gift wird.

Es bedarf des Erwachens, des richtigen Kulturerwachens! Und einer neuen Pädagogik als Kulturtherapie! Der Erziehungsprozess ist ein höherer Heilungsprozess, eine Metamorphose des Heilens. Und der Lehrer, wenn er in dieser Weise wirkt, geht mit umgewandelten Arztkräften um. Der Erziehungskünstler muss auf geistige Art mit den Kräften arbeiten, die ins Physische verdichtet Heilungsvorgänge sind. Es geht um die Heilung am Kind und zugleich um die Kulturtherapie. Die Heilung geschieht über den mittleren Menschen, *„mitten hindurch"*, ganz aus der Mitte.

Es geht um die Parzivalpädagogik, die Waldorfpädagogik, die ermöglicht, dass das Spirituelle wieder an den Menschen herankommt, d.h. den Boden für den Parzivalweg als Zivilisationsprinzip ermöglicht. Das Zentralmotiv beim Parzivalweg ist die Heilung, die Heilung der Amfortaskräfte, durch den, der *„Lazarus auferstehen ließ"*.

„So ist die geisteswissenschaftliche Arbeit die Arbeit am menschlichen Ich, um es zum Gefäß zu machen, das wiederum fähig ist, das Licht einzufangen, das da ist, wo heute für die äußeren Augen, für den äußeren Verstand Finsternis und Nacht ist." [164]

4) Die Parzivalschule

In der Geschichte werden immer wieder Keime für eine spätere Zukunft gelegt, so auch im 8./9. Jahrhundert vorausblickend für das Bewusstseinsseelen-Zeitalter und v. a. für die Zeit ab dem 20. Jahrhundert. Die Eingeweihten des frühen Mittelalters nannten sich die „Männer der Sorge", der Sorge um die Menschheitszukunft: Wie findet die Menschheit aus der Tumpheit des Materialismus wieder zum Erfassen des Geistigen? Und in diesem Zusammenhang ist die Pädagogik von grundsätzlicher, essentieller Bedeutung. Wie wird das Zum-Geistigen-Finden in der Erziehung veranlagt?

Im 9. Jahrhundert fanden in der Höhle des Trevrizent Gespräche unter Eingeweihten statt.

Eine erste Begegnung fand zwischen Schionatulander und dem Einsiedler Trevrizent in dessen Höhle in der Ermitage bei Arlesheim statt. W.J. Stein schildert dieses Gespräch in dem am 25.7. 1932 in Glastonbury / England gehaltenen Vortrag.[165] Diese Darstellung ist das Ergebnis seiner eigenen geistigen Rückschau in das 8./9. Jahrhundert. Er sieht sich selber *„in selbstgewählter Einsamkeit, sich vorbereitend auf eine weltweite Tätigkeit in einem anderen zukünftigen Leben."*[166]

In dieser Lehrer-Schüler-Unterweisung offenbaren sich Inhalte, die eine bedeutsame Grundlage für eine neue Pädagogik darstellen. Trevrizent weist den Gralssucher Schionatulander zunächst auf das Lesen im Buche der Natur hin:

„Denn, wenn man die Wirklichkeit verstehen will, dann muss man hineinsehen lernen in das, was die Erscheinungen, die so glanzvoll sich dem Auge darbieten, bewirken. Etwas macht das Gras wachsen. Willst Du das finden, dann musst Du übergehen vom Schauen der äußeren Erscheinung zum inneren Lauschen. Wenn Du genau achtgibst, dann wirst Du erkennen können, dass das Erinnern ei-

nes Geschauten ein Lauschen ist. Und wenn Du damit lebst und immer wieder übergehst vom Schauen zum inneren Lauschen, dann offenbart sich Dir eines Tages eine wunderbare Musikalität in den Dingen." [167]

Es gilt, den Weg zu gehen vom Sinneseindruck bis zu dem, was diesen hervorgebracht hat, d.h. vom Sinnesbild über das Lauschen bis hin zum Wesen. Es geht um das Lesenlernen im Buche der Natur, der Bilderschrift der Schöpfung. Trevrizent, der Alte, weist auf das Wirken der nichtsinnlichen, geistigen Schöpferkräfte hin und geht in diesem Sinne auf die Planetenkräfte ein. Diese zeigen sich in den sieben freien Künsten, welche die Grundlage für eine konzentrierte, künstlerische Erziehung darstellen.

Zur Sonne, die eine zentrale, eine Mitte-Stellung einnimmt, sagte der Alte:

«Das offenbare Geheimnis ist nicht das kleinste, und was sonnenklar ist, das ist nicht die schlechteste Wissenschaft. Denn die Sonne bescheint das Sichtbare, wenn auch das Licht selbst hinter der Sinneswelt bleibt. Sieh, Michael, der Sonnenfürst, bleibt im Verborgenen hinter der sinnlichen Erscheinung, dem Lichte gleich, aber ohne ihn hätte der Weltgang keinen Sinn. Lerne den Sinn, der verborgen ruht hinter dem Sonnenklaren, und Du lernst lesen die Weltenschriften Michaels, des Sonnenfürsten und wirst so ein Schüler der Kunst der Grammatik. Aber lerne nur erst die Grammatica entdecken. Auf jedem Schmetterlingsflügel, auf jedem Flügel eines Marienkäfers findest Du die Buchstaben der Weltenschrift. All die geheimnisvollen Zeichen, die auch in den Kristallen und Steinen eingegraben sind, sind seine Schrift. Kein Schmetterlingsflügel, in dem die Sterne nicht ihre Schrift eingeschrieben hätten. Denn die Sterne schreiben den Zeitengang in die Dinge dieser Welt. Und der Sonnenfürst Michael regelt den Gang der Zeit». Als der Junge das vernommen hatte, fühlte er, dass er etwas tun müs-

se: dass er ein Kämpfer sein wolle für das Rechte. «Herr, ich will ein Grammatiker werden! Rief er, aber ich will selbst eingravieren einen Buchstaben aus der Weltenschrift durch mein Leben».[167]

Das Einleben und Erkennen der geistigen Zusammenhänge in Natur und Mensch ist ein zentraler Bestandteil der Waldorfpädagogik und „das selber der Welt einen Buchstaben der Weltenschrift eingravieren". Der bildhafte Unterricht soll helfen, die inneren, noch unbewussten vorgeburtlichen Bilder und Impulse zu wecken, so dass diese hochzucken, vom Bewusstsein ergriffen und sozialgestaltend in der Welt umgesetzt werden können, d.h. „Buchstaben der Weltenschrift eingravieren".

Des Weiteren geht Trevrizent nun auf die selbstlose Kunst des Reflektierens, der Dialektik ein, d.h. immer ein Lernender zu sein (Mond); auf die ordnend, heilende Kraft der Arithmetik (Merkur); die läuternde Wirkung der Musik (Venus); die formende, bildende, Weltenschriftzeichen (bis hin zur Leibesform) hervorbringende Kraft der Geometrie (Mars); die den entstandenen Formen Leben eingießende Kunst - bis hin zur Rednerkunst - (Jupiter) und das Erlernen der die belebte Form durchseelende und durchgeistigende Kunst der Astronomie ein. Alles Fähigkeiten, welche in der Waldorfpädagogik gepflegt und ausgebildet werden.[168] Der Jüngling will nun sein Schüler werden und von ihm lernen. Trevrizent, der wahrnahm, dass die Seele des jungen Schionatulander viel reicher als die seine war, weist ihn auf seinen eigentlichen Lehrer hin: das Weltall selbst. Der Alte lebte die Liebe zu den Tieren und zeigte ihm die heilende Kraft der Pflanzen. Der Ritter Schionatulander hatte nachts einen Traum: [...] da war er, der Jugendliche alt und der Alte war jung: Da erschien er sich als Lehrer, und der jetzt alt war, war sein Schüler.[169]

In Trevrizent zeigt sich das Urbild des Lehrers, des Erziehers: Er führt den Jüngling in die Geheimnisse der Natur ein und weckt so verborgene Fähigkeiten in ihm. Dabei nimmt der Lehrer eine vollkommen dienende Haltung ein. Nach der Unterweisung dankt der Jüngling dem alten Einsiedler. *„Du gabst mir wahre Kunde von den sieben Künsten, die die Seele und den Geist frei vom Leibe machen, wie sonst nur der Tod es bewirkt. Lebend lerne ich sterben, sterbend leben. Die Sieben Künste sind ein Weg."* [170]

Welche weiteren Qualitäten tauchen verwandelt in der Waldorfpädagogik im 20. Jahrhundert wieder auf?

Am 25.4.1919 findet das Gründungsgespräch der ersten Waldorfschule statt. Die Teilnehmer sind: Emil Molt, Rudolf Steiner, Herbert Hahn und E.A. Karl Stockmeyer. Rudolf Steiner weist zum einen darauf hin, dass der Intellekt eine Kraft ist, die zersplittert. Das Soziale bildet sich nur über das träumende Fühlen und den schlafenden Willen. Notwendig ist die Befähigung des Kindes zum künstlerischen Tun, das Pflegen der Quellkräfte des Religiösen und dies alles in Bewusstseinsklarheit. Der Intellekt ist das Geistigste zunächst in uns, wird er aber einseitig entwickelt, Gefühl und Wille nicht mit ihm, dann entsteht der Hang, nur materialistisch zu denken, zeigt sich der Drang zum Materialismus. Erst wenn geschmackvoll, in ästhetischer Weise das Gefühlsleben entwickelt wird, weisen wir den Intellekt aufs Seelische hin. Und durch eine Willenserziehung legen wir die Grundlage zur Orientierung des Intellektes nach dem Geiste. [171]

Des Weiteren wies R. Steiner auf die Notwendigkeit der Wiedereinführung in die großen kosmischen Zusammenhänge hin. Die Menschheit hat sich mit Beginn des Bewusstseinsseelen-Zeitalters vom wirklichen Menschheitsfortschritt zusehends abgenabelt. Hier kommt der Waldorfschule eine wichtige Aufgabe zu, dass die Wiedereingliederung in den eigentlichen Weltenfortschritt sich vollziehen kann.

Der dritte Punkt war die für die damalige Zeit revolutionäre Einführung der Fremdsprachen Russisch, Französisch und Englisch, damit die Brücken zwischen den Völkern gebildet werden. Die drei Punkte verdeutlichen, dass es bei der neuen Schulgründung um die Ausbildung der Sozialkräfte, der Empathie im Großen und Kleinen geht, zum Mitmenschen, zur Natur und zur geistigen Welt. Es geht um das Heilen in der Welt. Das Institut für Evolutionäre Anthropologie (EVA) in Leipzig forschte zu der Frage „Was ist die größte Geistesleistung des Menschen?" und kam zu dem Ergebnis: Die soziale Kognition, die Empathie. In diesem Sinne ist die Waldorfschule die Schule, wo die soziale Kognition, die größte Geistesleistung des Menschen ausgebildet werden soll.

Im Menschlichen geht es um das soziale Miteinander statt der *„Prüfung der Fähigen"*.[172] Zum Gral soll der Bruder mitgenommen werden. Darauf weist Kundry, als Gralsbotin, Parzival hin: *„Mein lieber Herr, ein Mann nun soll Dein Begleiter sein, den wähle selbst. Ich werde Dich führen. Säume nicht lange, Anfortas zu heilen."* [173] Die Eurythmie ist in diesem Sinne ein zusammenwirkendes Lernen im höchsten Sinne. Sie stärkt den Willen fürs Leben und bildet stets an der Sozialfähigkeit.

Auch soll der Schüler mit einem lebendigen Verständnis für die soziale Dreigliederung die Schule verlassen können, d.h. es gilt die Voraussetzung zu schaffen, dass der Einzelne an der Gralsburg im Sozialen mitzuarbeiten in der Lage ist.

Trevrizent verwies Schionatulander auf das Lesen im Buche der Natur, auf das *„Hineinsehen lernen in das, was die Erscheinungen hervorbringt"*. Er beschreibt den Weg vom Schauen übers innere Lauschen bis zum Wesen.

Dieser Weg taucht als Grundaufgabe in der Waldorfpädagogik wieder auf. R. Steiner weist darauf hin, dass der Unterricht, ob in Gesteins-, Pflanzen-, Tier- und Menschenkunde, ein *„Zusammen-*

lebe-Unterricht" sein soll und zu einem *„Hineingehen ins Wesen der Dinge"* führen soll, dass man *„nicht kleben bleibt an der äußeren Erfahrung"*. Er spricht von der *„Intimität des Realen"*, der wahren Wirklichkeit, die erreicht werden soll:

„Die äußere sinnliche Anschauung gilt es so zu behandeln, wie wenn ein alter Bekannter auftauchen würde [...], den man kennt aus dem vorirdischen Leben, dann entsteht überall Empfindung im Wissen, Empfindung im Erkennen. Dies muss wie ein Blutstrom sein, ein geistiger Blutstrom, der durch das ganze wissenschaftliche Leben, das ganze Erziehungs- und Unterrichtswesen durchgeht. Diese Intimität mit dem Realen, das ist es, was wir gewinnen müssen." [174]

Das Wesen der Naturreiche hat der Mensch im vorirdischen Leben zwischen Tod und neuer Geburt wesenhaft erlebt. Der Lehrer soll durch den Unterricht, die künstlerische Darstellung und Gestaltung, die Brücke zum Wesenhaften, die „Intimität zum Realen", zur wahren Wirklichkeit herstellen. Geschieht dies in Unter- und Mittelstufe über das Bild, so soll der Oberstufenunterricht zum denkenden, erkennenden Erfassen des „Realen", des Geistigen führen.

„Es würde ja wünschenswert sein, dass gerade in diesem Lebensalter - es sind jetzt achtzehnjährige - die Schüler ein abschließendes Verständnis gewinnen würden für das Historisch-Künstlerische und schon aufnehmen würden das Spirituelle ohne ihnen anthroposophische Dogmatik beizubringen, in Literatur, Kunstgeschichte und Geschichte. Wir müssen also den Versuch machen, in Literatur, Kunstgeschiche und Geschichte das Spirituelle nicht nur inhaltlich, sondern in der Art der Behandlung hineinzubringen." [175]

In der Mathematik sind die sphärische Trigonometrie, die projektive Geometrie, der Umgang mit dem Unendlichen und die Grenzwertberechnungen auf diesem Weg zu sehen. In der Chemie gilt es, das Periodensystem aus dem Weltenrhythmus heraus zu erklären. In der Erdkunde soll der Zusammenhang mit dem Kosmos sichtbar werden, z.B. wie die englische Insel, England, nur durch Sternenkräfte gehalten wird. Im Biologie-Unterricht soll in Klasse 10 der Zusammenhang der Organe mit dem Seelisch-Geistigen, in Klasse 11 die Zellenlehre kosmologisch (die Zelle als kleinster Kosmos) und in Klasse 12 sollen die Tiertypen in Verbindung mit dem kosmischen Tierkreis behandelt werden.

Des Weiteren soll besonders der Oberstufenunterricht an der Entwicklung der oberen Sinne arbeiten. Das Ich, die Sprache und das Denken sind Wesensseiten, die nur dem Menschen eigen sind. Mit der Entwicklung der höheren Sinne, dem „Zügel-Loslassen", hängt das Menschsein und Menschwerden zusammen. Die Ausbildung der oberen Sinne schafft die Voraussetzung für die Gralserfahrung in der Begegnung, für den „Gang nach Emmaus": *„Wo zwei in meinem Namen beisammen sind, da bin ich mitten unter ihnen."* [176]

Der Lehrer soll so unterrichten, dass das Kind im späteren Leben den Christus-Impuls in sich finden, d.h. zur Gralserfahrung kommen kann. Mit dem Erlernen des *„Zügel-Loslassens"* wird auch das tiefere Lauschen angeregt. Es gilt *„so zu unterrichten, dass der Schüler an die richtige Stelle der Erfahrung geführt wird."*

Weitere umgewandelte Motive des Parzivalweges erscheinen wieder in der Waldorfpädagogik:

Sigune, mit den Todeskräften lebend, macht Parzival seinen Namen und seine Aufgabe bewusst: *„Du heißt Parzival, der Name ist recht «mitten durch»."* Es geht um den Weg der Mitte, den *„goldenen Weg"* zum *„Wasser des Lebens"*. Der Kurs für die ersten Waldorflehrer *„Allgemeine Menschenkunde als Grundlage der Pädagogik"* [177], in dem Rudolf Steiner die Grundzüge der neuen Pädagogik als eine im höchsten Sinne moralisch-geistige Aufgabe darstellt [178], spricht in allem die Mitte-Bildung an. Die Aufgabe der Erziehung ist das in Einklang-Versetzen der Geistseele mit dem Leibeskörper. Es geht in diesem Sinne um das richtige Atmen lernen - das Atmen schafft die richtige Vermittlung des die physische Welt betretenden Menschen, seines Geistwesens mit der Außenwelt -, den gesunden Rhythmus von Schlafen und Wachen, die Mitte zwischen Geist und Leib, zwischen Himmel und Erde. Der Weg geht über den vollkünstlerischen Unterricht, die Kunst der Mitte, «mitten hindurch».

„So werden wir uns bewusst werden müssen, wenn wir dem Kinde diesen oder jenen Lehrgegenstand beibringen, dass wir dann in der einen Richtung wirken auf das mehr in den physischen Leib hineinbringen der Geistseele und in der anderen Richtung mehr auf das Hereinbringen der Körperlichkeit in die Geistseele." [179]

Die Parzivalfrage gilt jedem anderen Menschen, jedem Kind: „Wer bist du? Was wirret dir? Was suchst du?" Die Pädagogik ist als Altardienst am Göttlich-Geistigen des Kindes zu verstehen, wo der Lehrer - im Sinne des *„Vom Schauen zum Lauschen"* - von der aufmerksamen Wahrnehmung der äußeren Erscheinung des Kindes dazu übergeht, sein Ohr an die vorgeburtlichen Impulse des Kindes zu halten und die Kunst der Mitte, das künstlerische Tun, die Geburtshilfe für diese Impulse leisten soll. Der Weg vom Schauen zum Lauschen wird unterstützt durch die Kunst der Eurythmie, welche zu einer neuen Zuhörkultur führen soll. Die Pädagogik muss wieder ganz an das Menschenherz und - gemüt herankommen, ja aus ihm heraus schaffen, aus der Mitte des Kindes, «mitten hindurch». Das künstlerische Tun und die Begeisterung wecken die tieferen Fragen beim Kinde.

Die Frage des kindlichen Parzival: „Was ist denn das: Gott?" beantwortet die Mutter Herzeloyde mit: *„Gott ist noch lichter als der Tag ist"* oder Trevrizent sagt zu Schionatulander: *„Die Sonne be-*

scheint das Sichtbare, wenn auch das Licht selbst hinter der Sin-
nesswelt bleibt."

So heißt es im Morgenspruch der Waldorfschule (ab Klasse 5):
„Der Gottesgeist, er webt im Sonn- und Seelenlicht". Und in der
ersten Lehrermeditation heißt es: *„Im Schein des Sinneswesens,*
da lebt des Geistes Wille, als Weisheitslicht sich gebend und innere
Kraft verbergend."

Die Gralsburg im Gehirn hängt mit dem Geheimnis der Nacht,
dem richtigen Verhältnis von Schlafen und Wachen zusammen.
Der Epochenunterricht an der Waldorfschule geht mit der Bedeutung der Nacht um. Der Unterricht soll Fragen anregen, die das
Kind mit in die Nacht, die nächtliche Gralsburg nimmt. Die Auseinandersetzung mit dem erlebten Weltinhalt und das fragende Suchen nach dem Wesentlichen, dem Wesen, erfahren ihre Vertie-
fung in der Nacht, bis hin zu weiterführenden Gedanken, Inspirationen, welche die Seele dann am frühen Morgen empfangen kann.

Wurde der Keim zur Waldorfpädagogik schon in der Höhle des
Trevrizent gelegt?
In seiner Inkarnation im 20. Jahrhundert hält Trevrizent als W.J.
Stein die welthistorisch erste Parzivalepoche. Die Waldorfschule,
deren Bezeichnung auf den Mitbegründer und Finanzier Emil Molt
bzw. auf seine Zigarettenfabrik Waldorf-Astoria zurückgeht, ist
ohne den Parzivalweg nicht zu denken. Von ihrer geistigen Grund-
legung und Aufgabe her müsste sie Parzivalschule heißen!
Dieser neue Schulimpuls ist die dem Bewusstseinsseelen-Zeitalter
angemessene, entsprechende Schulform und stellt die notwendige Voraussetzung dafür dar bzw. ermöglicht überhaupt erst den
Parzivalweg. Es geht heute nicht mehr um Wissensvermittlung,
sondern um das Anregen von Fragen, um die Kräfte der Selbsterziehung. Nicht Wissenspädagogik, sondern eine Fragepädagogik

ist dringend geboten. Die Parzivalschule schafft die Voraussetzung, damit das Spirituelle wieder an den Menschen herangebracht werden kann, ohne dass es Gift wird, ohne dass *die Wunde im Anblick des Grales brennt.*" Nach der Frage Parzivals wird Amfortas wieder heil, wieder „ganz", d.h. wieder mit dem Geist vereint. Parzivals Einweihungsweg geht «mitten durchs» Leben hindurch. Es ist ein fortwährendes Ringen um die Mitte, wie sich dies auch im Menschheitsrepräsentanten zeigt. Parzival ist der Menschheitsrepräsentant der Bewusstseinsseele.

„Um aus dem sozialen Chaos herauszukommen, müssen wir in die Seele Geistigkeit hineinerziehen, so dass die Menschen aus dem Geiste heraus den Weg zum Fortschritt, zur Fortentwicklung der Zivilisation finden [...], weil ja schließlich die Welt im Geiste und aus dem Geiste heraus geschaffen ist, und so auch menschliches Schaffen nur aus dem Urquell des Geistes heraus fruchtbar geschehen kann. Will aber der Mensch zu solch fruchtbarem Schaffen aus dem Geiste heraus kommen, so muss er im Geiste erzogen und unterrichtet werden." [180]

Die Erziehung ist die Fortsetzung, was ohne unser Zutun vor der Geburt von höheren Wesen besorgt worden ist. Es gilt, der Erziehung die nötige Weihe zu geben, ohne die man überhaupt nicht erziehen kann.

„Dasjenige, was der Mensch als Intellektualität ausbildet, das hat einen starken Hang träge, faul zu werden. Und es wird am faulsten, wenn der Mensch es nur immerfort und fort speist mit materialistischen Vorstellungen. Es wird aber beflügelt, wenn der Mensch es speist mit aus dem Geiste gewonnenen Vorstellungen. Die bekommen wir aber nur in unsere Seele hinein auf dem Umwege durch die Phantasie." [181]

Eine weitere Begegnung stellt Wolfram von Eschenbach in seinem „Parzival" dar: das Gespräch Trevrizents mit Parzival - eine Karfreitagseinweihung in den Gral. Fünfeinhalb Jahre sind seit dem letzten Aufenthalt in der Gralsburg vergangen. Der Weg des nun 21-Jährigen Parzival führte *„durch das Tal"* des Gotteszweifels. Wieder ist eine Situation gegeben, wo er die Zügel loslässt und zu seinem Pferd spricht: *„Nun laufe wie Gott will"*. Das neu aufkommende Gottvertrauen lässt ihn zu Trevrizent finden. Nachdem dieser Parzivals Gotteszweifel vernommen hat, spricht er über die Unschuld Gottes, dass *„seine Hilfe immer auf dem Wege sei."* [182] Trevrizent spricht weiter über den Schöpfungsbeginn, das Böse und die Wurzel des Gotteszweifels.[183] Dann geht er auf das Wesen des Grals ein.[184] Die höchste Not Parzivals ist um den Gral. Dieser Not begegnet Trevrizent mit den Worten:

„Denn wahrlich, niemand kann den Gral erjagen, der nicht im Himmel so bekannt ist, dass er mit Namen berufen werde zum Grale." [185]

Er spricht von den Gralsrittern, den Templeisen, die von einem Steine, dem Lapsit exillis leben, der von ganz reiner Art ist:

„Durch dieses Steines Kraft verbrennt der Phönix zur Asche. Die Asche aber macht ihn flugs wieder lebendig [...]. Danach beginnt er hell zu strahlen und wird wieder schön wie zuvor. Dieselbe Kraft wie beim Vogel Phönix bewahrt der Gral bei den Menschen. Es mag einem Menschen noch so schlecht gehn, wenn er eines Tages den Stein sieht, so wird er in der Woche, die auf diesen Tag folgt, nicht sterben. Auch bleibt sein Aussehen dasselbe, das er hatte, als er den Stein erblickte, und zwar so, wie er in seiner besten Zeit aussah - Frau wie Mann -, und wenn sie den Stein zweihundert Jahre lang sähen; nur das Haar wird grau. Solche Kraft gibt der

Stein den Menschen, dass Fleisch und Bein flugs Jugend empfängt. Der Stein wird auch genannt der Gral. " [186]

Trevrizent teilt Parzival mit, dass es keinen Sinn hat, den Gral zu suchen, es hat nur einen Sinn, dasjenige mit Enthusiasmus zu tun, was die Bedingungen des Grals sind: An sich selber zu arbeiten und der Welt zu dienen. [187] Ob man zum Gral kommt, das liegt in Gottes Händen, das ist Gnade.

Nur die Jungfrau Repanse de Schoye vermag den Gral zu hüten und zu tragen, der so schwer ist, dass ihn die ganze falsche Menschheit nicht von der Stelle tragen kann. [188] Am Ende des Gespräches geht Trevrizent auf Amfortas und seine Wunde ein. Diese ist nur zu heilen, wenn jemand kommt, der Amfortas nach seinem Leide fragt. Doch darf man ihn nicht beeinflussen, die Frage muss frei, ganz von innen kommen.

Schimmern hier nicht die Anforderungen an den Waldorflehrer durch? Die Grundvoraussetzung für diese pädagogische Tätigkeit ist die Selbsterkenntnis. Jede Erziehung ist Selbsterziehung und auf dieser Grundlage muss man *„so erziehen können, dass man für dasjenige, was aus einer göttlichen Weltenordnung neu in jedem Zeitalter in den Kindern in die Welt tritt, die physischen und seelischen Hindernisse wegräumt und dem Kind eine Umgebung schafft, durch die sein Geist in voller Freiheit in das Leben eintreten kann.* " [189] Die Fragen an die Welt müssen frei von innen kommen. In einer reinen, jungfräulichen Seelenhaltung, nicht von Sympathie oder Antipathie geleitet, gilt es dem Kinde zu begegnen:

„Alles das, was wir künstlerisch vollbringen können, es wird doch erst ein Höchstes, wenn wir es einlaufen lassen können in die größte Kunst, in diejenige Kunst, in der uns nicht totes Kunstmaterial wie Ton und Farbe übergeben ist, in der uns übergeben ist der lebendige Mensch, unvollendet, den wir bis zu einem gewissen

Grade künstlerisch, erzieherisch zum vollendeten Menschen ma-
chen sollen. Und ist es nicht schließlich eine höchste, heilige, religi-
öse Verpflichtung, das Göttlich-Geistige, das ja in jedem Men-
schen, der geboren wird, neu erscheint und sich offenbart, in der
Erziehung zu pflegen? Ist dieser Erziehungsdienst nicht religiöser
Kult im höchsten Sinn des Wortes? Müssen nicht zusammenfließen
alle unsere heiligsten, gerade dem religiösen Fühlen gewidmeten
Menschheitsregungen in dem Altardienst, den wir verrichten, in-
dem wir herauszubilden versuchen das sich als veranlagt offenba-
rende Göttlich-Geistige des Menschen im werdenden Kinde!" [190]

Das Ich des Lehrers wird zur (Grals-) Schale für das Göttlich-Geistige des Kindes. R. Steiner weist darauf hin, dass der Christus der
Schulgeist der Waldorfschule sein soll - d.h. die Waldorfschule als
sich immer wieder neu bildendes Gralsgefäß. Hierzu soll die Leh-
rerkonferenz das Herzorgan sein.

Parzival war eine Inkarnation des hohen Eingeweihten Manes.[191]
Und steht in engem Zusammenhang mit dem Waldorfschulimpuls.

„Manes werde sich in diesem 20. Jahrhundert nicht verkörpern. Er
beabsichtige, das im nächsten Jahrhundert zu tun, vorausgesetzt,
dass er einen geeigneten Körper finde. Die gewöhnliche Erziehung
biete keine Möglichkeit für die Entwicklung des Mani, nur die Wal-
dorferziehung. Wenn die Voraussetzungen gegeben sind, wird er
als Lehrer der Menschheit auftreten und die Führung auf den Ge-
bieten von Kunst und Religion übernehmen. Er wird in der Kraft
der Gralsmysterien handeln und die Menschen anleiten, selbst
über das Gute und das Böse zu entscheiden [...]. Eine solche Inkar-
nation könnte eine vollkommene Trendwende in der Geschichte
herbeiführen" [192]

Manes konnte *„jetzt (1924) noch keinen geeigneten Leib finden,*
um sich zu inkarnieren; denn alle Kräfte, die er in eine Wiederver-

körperung mitbringen könnte, würden durch das heutige Bildungs-
wesen zerstört werden. Deswegen sei es eine Notwendigkeit, dass
sich die Waldorfpädagogik und die Dreigliederung des Sozialen
Organismus manifestieren." [193]

5) Der Parzivalweg als Zivilisationsprinzip

Der Parzival-Weg war und ist ein Einweihungsweg und alle, die diesen Einweihungsweg gingen, waren ein Parzival und Schüler Titurels, der in 30 Jahren die Gralsburg erbaute. Titurel war eine Wiederverkörperung von Zarathustra, der 30 Jahre am Jesus-Leib gearbeitet bzw. ihn vorbereitet hat, damit bei der Jordantaufe der Christus in den Jesus-Leib einziehen konnte.[194]

„Da öffnete sich der Himmel und er schaute den Gottesgeist wie er sich in der Gestalt einer Taube herniedersenkte und ihn überschwebte."[195]

Bei Richard Wagners „Parsifal" heißt es am Ende des III. Aktes:

„Der Gral erglüht [...] aus der Kuppel schwebt eine weiße Taube herab und verweilt über Parsifals Haupt."[196]

In der modernen Zeit ist es für den Menschen möglich, das Ich zum Christus empfänglichen Organ zu machen. Die Schale mit dem Erlöserblut ist das Geheimnis des Ich des Christus Jesus bzw. des Ich des Menschen, das Schale für den Christus wird.

„Dennoch sind wir, wenn wir den wahren innersten Ruf der Menschheit verstehen, Sucher nach dem Heiligen Gral und müssen es sein."[197]

Der Parzivalweg ist auf Wahrhaftigkeit gebaut und führt zur lebensspendenden und verjüngenden Kraft des Grals. Parzival, der *„Mann ohne Falsch"* und der *„Falschheitsfäller"*, ist ganz in Verbindung zu sehen mit dem Ich-Bin-Wort *„Ich Bin der Weg, die Wahrheit und das Leben"*.
Dieser Weg ist nicht für Auserlesene, sondern für jeden gehbar, ja für jeden eine Notwendigkeit.

Das Herstellen der jungfräulichen Seelenstimmung, der Welt in einer das Wesen suchenden Fragehaltung zu begegnen und die Spiritualisierung der Intelligenz sind von jedem vollbringbar, sofern er es will und führt in die Tiefe des Lebens.

Der Prüfungsweg des neuen Gralskönigs birgt tiefe Menschheitsgeheimnisse. Mit dem Ereignis der Jordantaufe, der Verkörperung des Christus in dem Jesus von Nazareth, konnte in dem Astralleib des Christus-Trägers *«etwas wie ein Abdruck des Ich geschaffen»* werden[198] - ein *«Abbild des Ich von dem Christus Jesus»*, das Vervielfältigungen hervorrief, *«die in der geistigen Welt sozusagen aufbewahrt blieben».*[198] Diese warten auf ihre Aufnahme und Entfaltung innerhalb der menschlichen Bewusstseinsseelen. Es gehört mit zur Aufgabe der Wissenschaft vom Gral, *„die Seelen so reif zu machen, dass nun eine immer größere Anzahl von Menschen ein Abbild der Ich-Wesenheit des Christus Jesus in sich aufnehmen kann",*[198] und *„wo immer mehr und mehr Menschen die Ich-Natur des Christus selber als die innerste Wesenheit ihrer Seele aufgeht [...]. Derjenige, der das Christentum spirituell verstehen und in sich erleben wird, der wird dazu beitragen, dass entweder in der jetzigen oder in einer späteren Inkarnation in sein Ich einverwoben wird ein Abbild des Ich der Christus Jesus Individualität."*[198]

In der jetzigen Zeit ist es möglich geworden, das *„Ich zum Christus empfänglichen Organ zu machen, nachdem eine Weile das Ich das Denken gelernt hat durch das Christentum und die Gedanken angewendet hat auf die Außenwelt. Jetzt muss dieses Ich wiederum die Weisheit finden, welche die Urweisheit [...] des Christus selber ist [...]. Heute ist die Zeit gekommen, wo diese Geheimnisse verkündet werden dürfen, wenn die Herzen der Menschen sich reif machen lassen durch ein spirituelles Leben, so dass sie sich zum Verständnis erheben können dieses großen Mysteriums. Wenn*

sich die Seelen zum Verständnis solcher Geheimnisse anfachen las-
sen durch die Geisteswissenschaft, wenn unsere Seelen sich einle-
ben zu solchem Verständnis, so werden die Seelen reif, im Anblick
jener heiligen Schale das Mysterium von dem Christus-Ich, von
dem ewigen Ich, zu dem jedes Menschen Ich werden kann, ken-
nenzulernen. Da ist es, dieses Geheimnis - herbei nur sollen sich
die Menschen rufen lassen durch die Geisteswissenschaft, dieses
Geheimnis als Tatsache zu verstehen, um das Christus-Ich im An-
blick des Heiligen Gral zu empfangen." [199]

Der 3. Ruf ist an die Menschheit ergangen.
Menschen mögen ihn hören!

Schlussbetrachtung

Der Christus begab sich in einen Menschenleib, wurde ganz Mensch, um dem Menschen den Weg zum Geistigen zu zeigen – den Weg in der Nachfolge Christi.

Der Christus-Eingeweihte Manes begab sich als Parzival ganz in die materialistische Tumpheit der angehenden modernen Zeit, um dem Menschen den Weg zum Gral in Wahrbildern aufzuzeigen, den Weg zur Durchchristung der Seele.

Der Christus-Eingeweihte Rudolf Steiner stieg *„in die Haut des Drachens"*, der toten, intellektuellen, abstrakten naturwissenschaftlichen Denkweise, um diese durch die Kraft der geistigen Liebe, so wie sie auch dem wirklichen, lebendigen Denken innewohnt, von innen umzuwandeln. Es ist ein Weg, der auf der Gedankenebene durch Tod und Auferstehung führt. Die moderne Geisteswissenschaft ist die Wissenschaft vom Gral. Sie führt zur Durchchristung des Denkens und zeigt den so notwendigen Weg zum *„Weltjugendhaften, das heute aus geistigen Untergründen in die Menschheit hineinsprudeln und alle Lebensgebiete erneuern und befruchten will"*.[200]

An den entscheidenden Wegkreuzungen der Menschheitsentwicklung steht stets ein großer Eingeweihter, der Menschheit Orientierungshilfe und Wegzehrung mit auf den Weg gebend. Die Zukunft der Menschheit hängt davon ab, ob die Menschen aus Freiheit diese Hilfen annehmen und ergreifen.

Nachwort

Der Beginn und das Ende ergeben die Oktave einer Schrift und lassen schon den gesamten Spannungsbogen des Inhaltes erahnen.

„Parsifal" von R. Wagner beginnt mit einem morgendlichen Erwachen im Gralsbereich, das durch das Auftreten Parsifals gestört wird, der einen Schwan im Gralsgebiet schiesst. Er ist noch nicht reif für den Gral. Am Ende erfährt er das Gralsereignis, er wird Gralskönig. Sein Ich wird Schale für den Christus. Und das Wesen, das ihn verführen und von diesem Weg abbringen wollte, Kundry, - „sie sinkt mit dem Blicke zu ihm auf, langsam vor Parsifal entseelt zu Boden". Der Doppelgänger ist nun völlig überwunden. In gewisser Weise erreicht Parsifal geistig die Stufe des Schwans.

Der Anfang in W.v. Eschenbachs „Parzival" gibt ein Wesensbild des modernen Menschen:

„Das Herz haust mit Zweifel an Gottes Hilfe und an sich selbst ... Schmach und Schmuck trägt der unverzagte Mann. Zu Zeiten überkommt ihn Verzagtheit. So ist er wie eine Elster schwarz und weiß, Himmel und Hölle haben beide Anteil an ihm." [201]

Nun vollzieht sich der Parzivalweg und am Ende heißt es:

„Amfortas kämpft nur noch für den Gral, nicht mehr für Frauen, mannhaft bei reinem Herzen [...].
Der Lazarus auferstehen ließ, derselbe half, dass Amfortas gesund ward und völlig wieder hergestellt [...].
Seine Haut bekam jenen Glanz, den der Franzose «Fleur» nennt. Parzivals Schönheit war nur ein Hauch dagegen [...] und die Schönheit aller, denen Schönheit angeboren war [...]. All diese Schönheit kam nicht der des Amfortas gleich, die er nach seiner Krankheit davontrug." [202]

Das überwundene Böse führt zum bzw. ist das höhere Gute.

„Aber des Menschen Kraft wird dadurch wachsen, denn das Böse ist dazu da, die Kraft des Menschen zu stählen durch dessen Überwindung." [203]

Jeder Pfeil, den ich abschoss,

traf mich in Gott.

Mit der wunden Hand geh ich, den Stock

zu streicheln, der mich schlug:

Was wir finden werden?

- Den Menschen.

Hermann Kükelhaus [204]

Anhang

Anmerkungen / Literaturverzeichnis

1. Walter Johannes Stein „Die Weltgeschichte im Lichte des heiligen Gral"

2. Ueli Seiler-Hugova „Das große Parzivalbuch", S. 40: Sigune zu Parzival: „Du heisst Parzival. Der Name ist recht mitten durch"

3. GA 217, S. 148 f

4. Wilfried Kessler „Vom Schwellenübergang der Menschheit", BoD

5a. siehe 2, S. 49

5b. siehe 2, S. 81

6. Rudolf Steiner, GA 127, Vortrag vom 30.11.1911

7. Rudolf Steiner „Wahrspruchworte", GA 40, S. 150

8. Rudolf Steiner „Die Geheimwissenschaft im Umriß", GA 13, von 1962, S. 301

9. R. Steiner, GA 297, S. 132 f

10. R. Steiner, GA 305, S. 82

11. R. Steiner, GA 26, Leitsätze

12. G. Schulz „Novalis Werke", C.H. Beck Verlag

13. R. Steiner, GA 157, S. 298

14. R. Steiner, GA 89, S. 289

15. Rudolf Grosse „Erlebte Pädagogik", Phil.-anthrop. Verlag, S. 76 ff

16a. Johannes Tautz „Walter Johannes Stein – Eine Biografie", Verlag am Goetheanum, S. 118/119

16b. W. J. Stein „Weltgeschichte im Lichte des heiligen Gral – Das neunte Jahrhundert", Orient-Occident-Verlag, S. 5-8

17. E. Bock „Das Neue Testament", Urachhaus-Verlag, S. 633

18. Wolfram von Eschenbach „Parzival", Langen/Müller-Verlag, S. 38

19. R. Steiner, GA 144, „Die Mysterien des Morgenlandes und des Christentums", 6.2.1913

20. Ueli Seiler-Hugova „Das große Perzivalbuch", Schneider-Editionen, S. 126 ff

21. Strategiepapier des Bundesinnenministeriums, bmi-corona-strategiepapier.pdf

22. Olaf Scholz bei der SPD-Wahlkampfveranstaltung im August 2023 in München: „Ein Querdenker oder einer, der eine Friedenstaube trägt, ist ein gefallener Engel aus der Hölle" – wer spricht aus ihm?

23. siehe 18, S. 165

24. R. Wagner „Parsifal", reclam, S. 58/59

25. ebenda S. 62

26. ebenda S. 43

26b. Rudolf Steiner, GA 266/I, Esoterische Stunde 27.8.1909, Aufzeichnung D, S. 518

27. Rudolf Steiner, GA 13, S. 66 f

28. Goethe „Faust", Goldmann Verlag, 12. Auflage, S. 18

29. Goethe, 1820

30. Stephan Füssel „Johannes Gutenberg", rororo

31. Rudolf Steiner, GA 185

32. Rudolf Steiner, GA 217, S. 37

33. Rudolf Steiner, GA 300 a, S. 163 f

34. Ahriman, Luzifer und Sorat sind die Widersachermächte. Die Widersacher sind geistige Wesen, die ursprünglich den Hierarchien entstammen, aber in ihrer eigenen Entwicklung teilweise zurückgeblieben, teilweise aber auch vorausgeeilt sind und sich nun dem regelrechten schöpferischen Werden der Welt hemmend entgegen stellen und daher mit gewissem Recht als böse bezeichnet werden. Sie sind es aber nicht im absoluten Sinn. Sie haben sich nicht aus freiem Willen gegen Gott erhoben, sondern wurden gleichsam zu ihrer besonderen Aufgabe abkommandiert, wie es Rudolf Steiner öfter ausdrückt. Durch den Widerstand, den sie leisten, erfüllen sie auch wichtige positive Aufgaben in der Weltentwicklung und ohne ihre Hilfe könnte der Mensch niemals zur Freiheit gelangen, zu der ihn die guten Götter bestimmt haben. Beispielhafter Vergleich zwischen Ahriman und Luzifer: Wirkungen Ahrimans: Verhärtung, Verkalkung (körperlich); Pedanterie, Philisterhaftigkeit, Materialismus, trockener Verstand (seelisch); Aufwachen (geistig). Wirkungen Luzifers: Verjüngung, Verweichung (physisch); Phantastik, Schwärmerei, Mystik (seelisch); Einschlafen (geistig). Die Verbindung mit dem Christus ermöglicht dem Menschen, den Widersachern zu widerstehen, stets die Mitte bildend

zwischen den Kräften, die den Menschen von sich zu entfremden suchen und in die unmenschliche Einseitigkeit führen wollen.

35. Rudolf Steiner, GA 296, S. 89

36. Rudolf Steiner, GA 185, S. 110

37. Rudolf Steiner, GA 185, S. 111

38. Rudolf Steiner, GA 9, S. 44 f

39. Rudolf Steiner, GA 107, S. 245

40. Rudolf Steiner, GA 9, S. 37

41. Rudolf Steiner, GA 296, S. 92 f

42. Rudolf Steiner, GA 107

43. Rudolf Steiner, GA 178

44. Rudolf Steiner, GA 185, S. 103 f

45. Rudolf Steiner, GA 185, 5. Vortrag

46. Wolfram von Eschenbach „Parzival", S. 291 f

47. ebenda, S. 325

48. Rudolf Steiner, GA 144, S. 78 f

49. Ewald Koepke „Rudolf Steiner und das Gralsmysterium", Verlag Freies Geistesleben
50. Rudolf Steiner, GA 145, Vortrag vom 26.3.1913

51. Wilfried Kessler, „Vom Schwellenübergang der Menschheit", Book on Demands

52. Rudolf Steiner, GA 58, Vortrag vom 5.12.1909

53. Rudolf Steiner, GA 144, S. 69 f

54. Rudolf Steiner, GA 99, Vortrag vom 6.6.1907

55. Rudolf Steiner, GA 144, S. 67 ff

56. Rudolf Steiner, GA 145, Vortrag vom 26.3.1913

57. Rudolf Steiner, GA 158, Vortrag vom 20.11.1914

58. Rudolf Steiner, GA 191, S. 233 f

59. siehe 56

60. GA 92, S. 141 f

61a. GA 144, S. 69 f

61b. Das nachatlantische Zeitalter (7227 v. Chr. - 7893 n. Chr.) ist das fünfte Hauptzeitalter der physischen Erdentwicklung. Es gliedert sich in sieben Kulturepochen, die jeweils etwa 2160 Jahre dauern, und dient vor allem der Seelenentwicklung des Menschen.

- Urindische Kultur (7227 - 5067 v. Chr.) / Entwicklung des Ätherleibes

- Urpersische Kultur (5067 - 2907 v. Chr.) / Entwicklung des Astralleibes

- Ägyptisch-Chaldäische Kultur (2907 - 747 v. Chr.) / Entwicklung der Empfindungsseele

- Griechisch-Lateinische Kultur (747 v. Chr. - 1413 n. Chr.) / Entwicklung der Verstandes- und Gemütsseele

- Germanisch-Angelsächsische Kultur (1413 - 3573 n. Chr., gegenwärtige Epoche) / Entwicklung der Bewusstseinsseele

- Slawische Kultur (3573 - 5733 n. Chr.) / Entwicklung des Geistselbst

- Amerikanische Kultur (5733 - 7893 n. Chr.) / Entwicklung des Lebensgeistes

62. Richard Wagner, Brief an Mathilde Wesendonk, Paris, August 1860

63. Wolfram von Eschenbach „Parzival", S. 162 f

64. R. Wagner „Parsifal", reclam, S. 62 f

65. ebenda, S. 60/61

66. ebenda, S. 64

67. GA 217, S. 25

68. ebenda, S. 39

69. GA 97, 29.7.1906, „Das Gralsgeheimnis im Werk R. Wagners"

70. siehe 63, S. 76 f

71. Friedrich Benesch „Apokalypse", Urachhaus-Verlag

72. Wolfram von Eschenbach „Parzival", S. 241/242

73. Rudolf Steiner, GA 113, S. 21 f

74. siehe 72, S. 122

75. ebenda S. 246

76. R. Steiner, GA 148, S. 162 f

77. GA 57, S. 433 f

78. Ga 148, S. 167 f

79. GA 148, S. 168

80. GA 153, S. 133

81. GA 148, S. 169

82. GA 148, S. 166 f

83. GA 148, S. 170

84. GA 57, S. 433 f

85. E. Bock „Das Neue Testament", S. 641 f

86. E. Bock „Apokalypse", S. 84

87. M. Luther „Die Bibel", Württembergische Bibelanstalt, Stuttgart, „Offenbarung des Johannes", 6.Kapitel, Zeile 7-8

88. GA 346

89. siehe 86, S. 81 f

90. Novalis „Fragmente", hrsg. E. Kamnitzer, Dresden 1929

91. GA 26, Anthrop. Leitsätze, Nr. 106

92. Wolfram von Eschenbach, „Parzival"

93. siehe 85, Offenbarung des Johannes

94. siehe 92

95. Wolfram von Eschenbach „Parzival", S. 94

96. ebenda, S. 116

97. ebenda, S. 232

98a. Rudolf Steiner, GA 193, 3.Vortrag vom 11.2.1919

98b. GA 115, S. 45 f

99. GA 170, Vortrag vom 2.9.1916

100. Patzlaff „Die Sprache – das Lebenselixier des Kindes", VFG, S. 148 f

101. GA 170, S. 224 f

102. GA 170, Vortrag vom 2.9.1916

103. GA 293, 8. Vortrag

104. Ga 187, Vortrag vom 27.12.1918

105. GA 187, S. 79 ff

106. Rudolf Steiner, GA 293, Vortrag vom 29.8.1919

107. Rudolf Steiner, GA 187, Dornach 1979, S. 80

108. Wolfram von Eschenbach „Parzival"

109. Oliver Sacks „Der Mann der seine Frau mit einem Hut verwechselte", Spiegel-Verlag

110. GA 257, S. 115

111. GA 206, 14. Vortrag vom 22.7.1921

112a. E. Bock „Das Neue Testament", Lukas-Evangelium, Kap. 24

112b. Siehe 112a; Mt 18, 20

113. GA 182

114. „Ein Nachrichtenblatt", 14. Jahrgang, Nr. 10, vom 5. Mai 2024

115. Rudolf Steiner, GA 145, S. 111

116. ebenda, S. 111 ff

117. Chréstien de Troyes „Perceval oder die Geschichte vom Gral", in der Übersetzung von Bruno Sandkühler

118. Rudolf Steiner, GA 145

119. Dr. Grete Bockholt „Eine Gralsburg im Gehirn", Natura, Sept. 1926

120. Rudolf Steiner, GA 217

121. Rudolf Steiner, GA 54, S. 434 f

122. Rudolf Steiner, GA 121, S. 127 f

123. Rudolf Steiner, GA 274

124. Rudolf Steiner, GA 114, S. 96 und S. 102

125a. Zur mRNA-"Impfung":

- Naomi Wolf „The Pfizers Papers: The Pfizers Crimes against humanity", War Room Books (Die Covid-19-Impfungen als vorsätzliches Verbrechen dargestellt)

- Brigitte Röhrig „Die Corona-Verschwörung: Wie die Bevölkerung über die Covid-19-Impfung getäuscht wurde", Westend Verlag

- Gunter Frank „Das Staatsverbrechen", Achgut Edition, S. 87 ff: „Der Verbrechenskomplex Covid-19-Impfkampagne"

- Studie „Age-stratified COVID-19 vaccine dose fatality rate for Israel and Australia" in „researchgate.net/directory/publications" (diese ging in 02.2023 schon von 13 Millionen Impftoten weltweit aus)

- Interview mit Prof. Dr. Bergholz „WHO: 95% effektive Impfung oder 20 Millionen Impftote?" in stattzeitung.org

- Generalstaatsanwaltschaft der USA ermittelt gegen die Impfstoffhersteller https://tkp.at/2023/05/02/texas-leitet-untersuchung-gegen-covid-19-impfstoffhersteller-ein

- Pfizer Vertrag mit der EU geleakt: Menschen als Versuchskaninchen https://t.me/MeineDNEWS.de

125b. Beate Bahner „WHO Pandemie Vertrag – Der finale Angriff auf die Freiheit", Kopp Verlag, Kap. 10.2., S. 82 f (Frz. Studie: hohe Sterblichkeit bei Neugeborenen, die mit der RSV-Impfung geimpft worden sind)

126. W. Kessler „Der moderne Geistesweg - Der Dummling in den Volksmärchen", Bod
127a. Konrad Fleck „Flor und Blancheflur"

127b. Titurel inspirierte zu dieser Erzählung „Flor und Blancheflor"

128. siehe 125, S. 209

129. Rudolf Steiner, GA 57, S. 422 f

129b. Rudolf Steiner, GA 266/I, S. 503 ff

130. Rudolf Steiner, GA 264, S. 230

131. Rudolf Steiner, GA 144, Vortrag vom 6.2.1913

132. Rudolf Steiner, GA 225, Vortrag vom 21.7.1923

133. Frans Lutters „Eine karmische Untersuchung zum Schicksal der Freien Waldorfschule", EOS-Verlag, S. 97

134. ebenda, S. 97

135. Rudolf Steiner, GA 309, Vortrag vom 17.4.1924

136. Thomas Meyer „Ludwig Polzer-Hoditz – Ein Europäer", Perseus-Verlag

137. Eckart Böhmer „Kaspar Hauser – Das einzige Geschöpf seiner Gattung", Info3-Verlag

138. Emil Molt „Entwurf meiner Lebensbeschreibung", Verlag Freies Geistesleben

139. Frans Lutters „Eine karmische Untersuchung zum Schicksal der Freien Waldorfschule", EOS-Verlag

140. Rudolf Steiner, GA 266a, S. 506 f

141. Margarete Kirchner-Bockholt „Die Menschheitsaufgabe Rudolf Steiners und Ita Wegmanns", Verlag am Goetheanum

142. Herbert Hahn „Der Weg der mich führte", Verlag Freies Geistesleben, S. 634

143. Emil Bock „Das Neue Testament", Urachhaus Verlag, Joh. 14: 15-16

144. siehe 139, S. 21/22

145. Walter Johannes Stein „Das 9. Jahrhundert im Lichte des Heiligen Gral", Orient-Occident-Verlag

146. Rudolf Steiner „Rosenkreuzerisches Weistum in der Märchendichtung", Vortrag vom 10.6.1911

146b. Rudol Steiner, GA 93a, S. 21 f

147. Johannes Tautz „W.J. Stein – Eine Biografie", Verlag am Goetheanum; S.245. „Der Tatenschnelle": S. 124 und „ein kämpferischer, geradezu draufgängerischer Zug war ihm eigen", S. 38

148. ebenda, S. 20 f

149. ebenda, S. 22

150. ebenda, S. 27 f

151. ebenda, S. 39

152. ebenda, S. 38/39

153. W. J. Stein / Rudolf Steiner „Dokumentation eines wegweisenden Zusammenwirkens", Verlag am Goetheanum, S. 36

154. siehe 148, S. 43/44

155. siehe 153, S. 44

156. Diese Mitteilung erhielt ich 2019 von der ehemaligen Kollegin an der Freien Waldorfschule Ulm, Ruth Johanna Lange. Ihre Mutter, Frau Reebstein, hatte ihr diese Begebenheit erzählt. Sie war Schülerin in dieser Klasse.

157. Rudolf Grosse „Erlebte Pädagogik", Philosophisch-Anthroposophischer Verlag Dornach, S. 73

158. siehe 148, S. 250/51

159. Rudolf Steiner, GA 240

160. siehe 153, S. 33

161. Rudolf Steiner, GA 194

162. Rudolf Steiner, GA 230, 12. Vortrag

163. Barbara Nordmeyer „Zeitgewissen", S. 131/132

164. Rudolf Steiner, GA 113, S. 21

165. W. J. Stein „Der Tod Merlins", Verlag am Goetheanum, S. 202 ff

166. ebenda

167. ebenda

168. Frans Lutters „Eine karmische Untersuchung – zum Schicksal der Freien Waldorfschule", EOS-Verlag

169. siehe 165

170. ebenda

171. Rudolf Steiner, GA 297, S. 60 f

172. Rudolf Steiner, Volkspädagogische Vorträge

173. Wolfram von Eschenbach „Parzival", S. 396

174. Rudolf Steiner, GA 316

175. E.A. Karl Stockmeyer „Angaben Rudolf Steiners für den Waldorfunterricht", S. 149, Pädagogische Forschungsstelle beim Bund der Freien Waldorfschulen

176. Emil Bock „Das Neue Testament", Lk 24

177. Rudolf Steiner „Allgemeine Menschenkunde als Grundlage der Pädagogik", GA 293

178. ebenda, S. 17

179. ebenda, S. 27

180. Rudolf Steiner, GA 309, S. 7, Vortrag vom 13.4.1924

181. Rudolf Steiner, GA 293, Allgemeine Menschenkunde als Grundlage der Pädagogik
182. W. v. Eschenbach „Parzival", S. 237/238

183. Ulli Seiler-Hugova „Das große Parzivalbuch", Schneider Editionen, S. 105 f

184. ebenda S. 110 f

185. siehe 173, S. 241

186. ebenda, S. 242

187. W. J. Stein „Die Weltgeschichte im Lichte des Heiligen Grals", Orient-Occident Verlag, S. 271

188. siehe 173, S. 122 und 246

189. Rudolf Steiner, GA 305

190. Rudolf Steiner „Allgemeine Menschenkunde als Grundlage der Pädagogik", Tb 617, S. 10

191. Rudolf Steiner GA 264, S. 230

192. Rudolf Steiner, GA 265

193. Bernhard Lievegoed „Über die Rettung der Seele", Verlag Freies Geistesleben

194. Rudolf Steiner, GA 26

195. Emil Bock „Das Neue Testament", Mathäus 3,16

196. Richard Wagner „Parsifal", reclam

197. Rudolf Steiner, GA 204, 16.4.1921

198. Rudolf Steiner, GA 109, 7.3.1909

199. ebenda, Vortrag vom 11.4.1909

200. Rudolf Steiner, GA 260 „Die Weihnachtstagung"

201. Wolfram von Eschenbach „Parzival", S. 7

202. ebenda, S. 403/404

203. Rudolf Steiner, GA 101, S. 237 f

204. Hermann Kükelhaus „Ein Narr der Held", Urachhaus-Verlag, S. 235

Über den Autor

Wilfried Kessler, geb. 1957 in Allenbach / Hunsrück.

Heilpädagogische Ausbildung in Eckwälden, Studium der Eurythmie in Berlin, Theaterlehrer-Ausbildung in Stuttgart.

Seit 1990 als Eurythmie- und Theaterlehrer in Ulm tätig, sowie als Vortragsredner, Seminarleiter und Dozent an berufsbegleitenden Waldorflehrerseminaren.

Bisherige Veröffentlichungen:

- „Das Mädchen ohne Hände" – eine Zeitbetrachtung in Anlehnung an das gleichlautende Märchen der Brüder Grimm.
  2021, Book on Demands

- „Der moderne Geistesweg oder Der Dummling in den Volksmärchen"
  2022, Book on Demands

- „Vom Schwellenübergang der Menschheit"
  2023, Book on Demands